Droemer Knaur

Alistair MacLean

Partisanen

Roman

Droemer Knaur

CIP-Kurztitelaufnahme der Deutschen Bibliothek

MacLean, Alistair:
Partisanen : Roman / Alistair MacLean. – 1. bis 50. Tsd.
– München : Droemer Knaur, 1983.
Einheitssacht.: Partisans ⟨dt.⟩
ISBN 3-426-19082-6

1. bis 15. Tausend

Titel der Originalausgabe »Partisans«
Umschlaggestaltung: Agentur Cooperation, München
Satz: acomp, Wemding
Druck und Einband: Clausen & Bosse, Leck
Printed in Germany
ISBN 3-426-19082-6

Für Avdo und Inge Čimić

1

Der eisige Nordwind, der vom Tiber herüberwehte, brachte den Geruch von Schnee von den entfernten Apenninen mit. Die Straßen waren unbeleuchtet und schmutzig – aber das war in diesem Fall nicht auf einen der in Italien so häufigen Streiks zurückzuführen: der Zweite Weltkrieg wütete, und die fehlende Straßenbeleuchtung war eine Folge der Verdunklungsvorschrift – und was den ungepflegten Zustand der Ewigen Stadt betraf, so erklärte er sich dadurch, daß sich die Lage im Mittelmeerraum so zugespitzt hatte, daß die Italiener an anderes zu denken hatten als an die Straßenreinigung.

Die Nacht war sternklar. Petersen blieb vor einem Laden stehen, dessen Schaufenster den Weisungen gemäß mit schwarzem Papier verklebt waren, und schaute die Via Bergola nach beiden Seiten hinunter: es war niemand zu sehen. Er zog eine mit einer Abschirmung versehene Taschenlampe und einen Bund merkwürdig geformter Schlüssel hervor und öffnete die Tür des Geschäfts mit einer Schnelligkeit, die auf lange Übung auf diesem Gebiet schließen ließ. Dann bezog er Posten hinter der offenen Tür, entfernte die Abschirmung von der Taschenlampe, steckte den Schlüsselbund wieder ein, brachte eine schallgedämpfte Mauser zum Vorschein und wartete.

Es waren etwa zwei Minuten vergangen, als sich jemand dem Laden näherte und offenbar bemüht war, keinen Lärm zu machen – aber Militärstiefel sind nun mal eben lauter als Katzenpfoten. Vor der Tür stoppten die Schritte kurz – dann betrat der Unbekannte das Geschäft. In dem spärlichen Licht, das von draußen hereinfiel, sah Petersen, daß der Fremde ein spitzes Käppi trug und eine Waffe in der Hand hielt. Eine Sekunde später leuchtete die Taschenlampe auf, und der Eindringling spürte den unsanften Druck von kaltem Stahl im Nacken. Er stand wie versteinert.

»Waffe fallen lassen, Hände hinter dem Kopf verschränken, drei Schritte vorwärts – und nicht umdrehen!«

Der Mann beeilte sich, den Befehlen Folge zu leisten. Petersen schloß die Ladentür und schaltete das Licht ein. Sie befanden sich offensichtlich in einem Schmuckgeschäft, aber alle Vitrinen waren leer: Der Besitzer schien nicht allzu großes Vertrauen zu den Besatzungstruppen oder seinen Landsleuten – oder beiden – zu haben.

»Jetzt können Sie sich umdrehen«, sagte Petersen.

Der Mann war noch jung, und sein Gesicht drückte Entschlossenheit aus, die eher Ähnlichkeit mit Trotz hatte – aber in seinen Augen glomm Furcht.

»Falls Sie noch eine andere Waffe bei sich haben, rücken Sie sie lieber gleich raus, sonst muß ich Sie leider erschießen«, sagte Petersen im Konversationston.

»Ich habe keine andere.«

»Geben Sie mir Ihre Papiere.« Der junge Mann preßte die Lippen aufeinander und rührte sich nicht. Petersen seufzte. »Wie Sie sehen, habe ich eine schallgedämpfte Mauser in der Hand – und mir macht es nichts aus, Ihnen die Papiere auch nach Ihrem Tod abzunehmen.«

Das schien dem Jungen einzuleuchten, denn er griff in seine Jacke und gab Petersen seine Brieftasche.

»Hans Wintermann, geboren am 24. August 1924. Also erst neunzehn Jahre alt. Und schon Leutnant! Sie sind wohl so eine Art Wunderkind, was?« Petersen steckte die Brieftasche ein und hob die Waffe auf, die der Leutnant vorher so hastig hatte fallen lassen. Auch sie verschwand in den Tiefen seiner Tasche. »Sie sind mir heute auf Schritt und Tritt gefolgt. Und den größten Teil des gestrigen Tages ebenfalls. Und am Abend davor auch. Warum?«

»Sie haben meinen Namen, meinen Dienstgrad, mein Regiment ...«
Petersen hob die Hand. »Sparen Sie sich diesen Quatsch. Nun, wie ich die Sache sehe, habe ich wohl keine andere Wahl.«
»Sie werden mich also erschießen?« Von Entschlossenheit war nichts mehr zu spüren.
»Seien Sie nicht albern.«

Das Hotel »Splendide« war alles andere als das – aber seine schmuddelige Unauffälligkeit war für Petersen schlechthin ideal. Als er durch das gesprungene, fleckige Fenster in der Tür schaute, erkannte er leicht überrascht, daß der Portier – ein fetter, unrasierter und schon ziemlich angejahrter Unsympath – ausnahmsweise nicht schlief, sondern sogar wach genug dazu war, eine Flasche zum Munde zu führen. Petersen ging zur Rückseite des Hotels, kletterte die Feuerleiter hinauf, stieg im dritten Stock durch ein Fenster ins Haus, bog nach links in einen Flur ein und öffnete die Tür zu seinem Zimmer mit einem Dietrich. In aller Eile überprüfte er den Inhalt seiner Schubladen, zog sich einen Wintermantel über, verließ sein Zimmer wieder und bezog dann Position auf der Feuerleiter: Trotz des Mantels merkte er, daß es hier oben in luftiger Höhe erheblich kälter war als im Schutz der Häuser unten, und er hoffte, daß er nicht zu lange hier draußen würde warten müssen.

Petersen hockte gerade fünf Minuten auf der Feuerleiter, als ein deutscher Offizier mit energischen Schritten den Gang entlangging und nach links in den Flur einbog. Gleich darauf kam er zurück, stieg in den altersschwachen Lift und fuhr nach unten. Kurz danach erschien er wieder – diesmal in Begleitung des Portiers, der einen Schlüssel in der Hand hatte. Nachdem die beiden zehn Minuten später immer noch nicht wieder aufgetaucht waren, verließ Petersen seinen Posten, schlich den Korridor entlang und spähte links um die Ecke: Etwa auf halber Länge des Ganges stand der Portier – offensichtlich als Wachtposten. Er hatte sich wohl für eine längere Wartezeit gerüstet, denn er hielt einen Flachmann in der Hand, an dessen Inhalt er sich immer noch mit genüßlich geschlossenen Augen gütlich tat, als Petersen ihm auf die Schulter klopfte.

»Die Rumsteherei macht Durst, was?«

Der Portier verschluckte sich, hustete, keuchte und sabberte, versuchte etwas zu sagen, aber seine Stimmbänder versagten den Dienst. Petersen sah an ihm vorbei den Korridor hinunter, wo gerade der deutsche Offizier aus seinem Zimmer trat.

»Einen wunderschönen guten Abend, Oberst Lunz.«

»Ah – guten Abend.« Lunz sah aus wie eine ältere Ausgabe von Petersen: mittelgroß, mit breiten

Schultern, hageren Gesichtszügen, einer scharfen Nase und grauen Augen – nur das schwarze Haar war schon etwas schütter. Er schien nicht im geringsten irritiert zu sein.
»Ich wollte gerade zu Ihnen ...«
»Da waren Sie doch eben. Nur schade, daß Sie mich nicht angetroffen haben. Aber jetzt bin ich ja da.« Er drehte sich zu dem Portier um, der immer noch nach Luft rang, und klopfte ihm auf den Rücken. »Es wird schon wieder werden«, tröstete er ihn freundlich. »Wollten Sie mir vielleicht etwas sagen?«
»Sie waren doch weg«, brachte der alte Mann mühsam hervor. »Ich meine, ich habe Sie nicht wiederkommen sehen.«
»Das ist kein Wunder«, antwortete Petersen. »Sie konzentrierten sich zu diesem Zeitpunkt voll auf Ihre Flasche.« Er beugte sich zu dem viel kleineren Mann hinunter, sog die Luft ein und rümpfte die Nase. »Bringen Sie eine Flasche rauf – aber nicht von dem Fusel, den Sie da in sich hineingießen, sondern aus Ihren Cognac-Reserven für die Gestapo. Und zwei Gläser. Saubere Gläser, wenn ich bitten darf.« Er sah Lunz an. »Sie trinken doch sicher einen Schluck mit mir, mein lieber Oberst.«
»Danke – mit Vergnügen«, nickte Lunz.
Petersen ging neben ihm den Flur hinunter und öffnete seine Zimmertür: »Nach Ihnen, Oberst.« Nachdem er die Tür wieder geschlossen hatte,

zog er seinen Mantel aus und warf ihn aufs Bett.
»Ziemlich kalt draußen, was?« meinte Lunz.
»Kann man wohl sagen«, nickte Petersen. »Vor allem auf den Feuerleitern!«
Lunz zog eine Augenbraue hoch: »Da waren Sie also.« Auch das brachte ihn offensichtlich nicht aus dem Gleichgewicht. Er zog eine Bruyère-Pfeife aus der Tasche und begann, sie zu stopfen.
»Warum waren Sie eigentlich in meinem Zimmer?«
»Reine Neugier«, erklärte der Oberst lapidar.
»Und warum haben Sie mich beschatten lassen?«
Petersen gab Lunz die Brieftasche und die Waffe, die er dem jungen Soldaten abgenommen hatte.
Lunz lächelte: »Der übereifrige Leutnant Wintermann! Es war seine Idee, Sie zu beobachten – aber ich muß gestehen, daß ich nicht versucht habe, ihn davon abzubringen. Ich hielt es für ganz heilsam, wenn er von einem Profi wie Ihnen eine Lektion erteilt bekäme. Der gute Hans ist in einem Panzer durchaus brauchbar – aber für eine Beschattung fehlt ihm das nötige Feingefühl. Nach dem zu urteilen, was ich über Sie weiß, haben Sie ihm ja sicherlich keinen bleibenden Schaden zugefügt.«
»Er hat nicht einmal eine Schramme: Ich habe ihn in einem Juwelierladen eingesperrt.«

»Kann er von dort nicht ...«

»O nein – ich habe ihn verschnürt wie ein Postpaket. Aber ich muß Ihnen sagen, daß mich Ihre Handlungsweise kränkt, Oberst: Sie durchsuchen mein Zimmer, Sie lassen mich beschatten – wo ist denn das Vertrauen, das wir Verbündeten einander entgegenbringen sollten?«

Der Oberst zündete seine Pfeife an. »Als Verbündete habe ich uns bisher eigentlich nicht betrachtet.«

Es klopfte, und der Portier kam mit einer Flasche und zwei Gläsern herein. Petersen goß ein und hob dann sein Glas: »Auf die ›Operation Weiss‹.«

Lunz sah ihn an – und diesmal konnte er seine Überraschung nicht ganz verbergen: »Sie wissen darüber Bescheid?«

»Ich weiß eine Menge Dinge, die ich nicht wissen sollte.«

Lunz nahm einen Schluck Cognac und nickte anerkennend: »Offenbar sind nicht alle Gestapo-Offiziere Barbaren. Aber kommen wir zu Ihnen: Unser Ihrer Meinung nach so unangebrachtes Interesse an Ihrer Person beruht darauf, daß wir nicht verstehen, warum ein Mann mit Ihren Qualifikationen – und ich kenne Ihr Dossier sehr genau – diese für einen Kollaborateur einsetzt. Ich hoffe, ich habe jetzt nicht Ihre Gefühle verletzt.«

»Dazu müßten Sie sie erst einmal finden. Ich

muß Sie wohl daran erinnern, daß es Ihr Führer war, der unseren ehemaligen Prinzregenten dazu zwang, vor zwei Jahren diesen Vertrag mit Ihnen und den Japanern zu unterschreiben. Ich nehme an, er ist der Kollaborateur, von dem Sie sprechen: ein schwacher Mann, gewiß – voller Unentschlossenheit, und ganz gewiß kein Draufgänger. Aber das kann man einem Menschen nicht vorwerfen: ein Mißgriff der Natur – und gegen die Natur sind wir alle machtlos. Aber er ist kein Kollaborateur: Er handelte nach bestem Wissen und Gewissen – er wollte seinem Land die Schrecken des Krieges ersparen. ›Bolje grob nego rob‹. Wissen Sie, was das heißt?«
Lunz schüttelte den Kopf: »Die Tücken Ihrer Sprache ...«
»›Besser tot als in Sklaverei leben‹. Das war es, was die Menge schrie, als bekannt wurde, daß Prinz Paul dem Dreimächtevertrag zugestimmt hatte – und das schrie die Menge auch, als er abgesetzt und der Vertrag für nichtig erklärt worden war. Die Menschen konnten einfach nicht begreifen, daß es kein ›nego‹ gab – keine Alternative: Der Führer brachte Tod und Sklaverei, als er in einem seiner berühmten Wutanfälle den Befehl gab, Belgrad dem Erdboden gleichzumachen und die Armee niederzumetzeln. Ich selbst bin nur mit knapper Not davongekommen.«
»Ich nehme noch einen Schluck von diesem exzellenten Cognac.« Lunz griff nach der Flasche.

»Diese ganzen Ereignisse scheinen Sie aber nicht gerade bis ins Mark zu erschüttern«, konstatierte er trocken.
»Man muß die Vergangenheit verdrängen.«
»Und auch die Tatsache, daß Sie sich in der unguten Lage befinden, gegen Ihre Landsleute kämpfen zu müssen, scheint Sie nicht sonderlich zu rühren.«
»Im Krieg ergeben sich die seltsamsten Partnerschaften, Oberst. Nehmen Sie doch zum Beispiel sich und die Japaner. Sollten Sie da nicht lieber vor der eigenen Tür kehren?«
»Mag schon sein – aber zumindest kämpfen in diesem Fall nicht Deutsche gegen Deutsche.«
»Noch nicht! In der Vergangenheit haben sie es weiß Gott oft genug getan. Aber es ist sinnlos, zu moralisieren. Ich bin ein Loyalist, ein Royalist – und sollte dieser wahnwitzige Krieg jemals ein Ende finden, dann möchte ich, daß es wieder eine Monarchie in unserem Land gibt. Und dafür setze ich alle meine Kräfte ein.«
»Jeder soll nach seiner Façon selig werden«, nickte Lunz. »Aber ich muß Ihnen sagen, daß ich Schwierigkeiten habe, mir Sie als serbischen Royalisten vorzustellen.«
»Wie muß ein serbischer Royalist denn aussehen? Oder – um noch weiter zu gehen: Wie muß einer aussehen, daß man ihn als Serben erkennt?«
Lunz dachte eine Weile nach und sagte dann mit

einem leicht schiefen Lächeln: »Ich habe nicht die geringste Ahnung.«
»Was Sie bei mir irritiert, ist sicherlich mein Name«, sagte Petersen. »Aber ein Name muß nicht unbedingt auf ein bestimmtes Land hindeuten: Petersens werden Sie auf der ganzen Welt finden – und oben in den italienischen Bergen gibt es zum Beispiel ein Dorf, in dem jeder zweite Nachname mit ›Mac‹ anfängt: Nachkommen eines schottischen Regiments, das während eines dieser endlosen, mittelalterlichen Kriege dort oben eingeschlossen war. Mein Ur-Ur-Ur-Großvater war ein Glücksritter – das hört sich romantischer an als ›Söldner‹, wie man diese Leute heutzutage bezeichnet –, und wie Tausende von anderen kam er hierher und blieb.«
»Und woher kam er? Aus Skandinavien? Aus Angelsachsen?«
»Ahnenforschung hat mich schon immer gelangweilt, Oberst. Ich habe mir nie die Mühe gemacht, es herauszufinden. Fragen Sie irgendeinen Jugoslawen nach seinen Vorfahren fünf Generationen zurück: Er wird Ihnen so gut wie sicher keine Antwort geben können.«
Lunz nickte. »Ihr Slawen habt wirklich eine bewegte Geschichte. Und dann – um die Sache noch weiter zu komplizieren – wurden Sie in Sandhurst ausgebildet.«
»Ungezählte Nationen haben Ihre Offiziere in

Sandhurst ausbilden lassen. Und was wäre speziell in meinem Fall näherliegend gewesen? Schließlich war mein Vater Militärattaché in London. Wäre er Marineattaché in Berlin gewesen, hätte ich meine Ausbildung wahrscheinlich in Kiel oder Mürwik absolviert.«

»Ich habe ja nichts gegen Sandhurst. Bin sogar selbst schon dort gewesen – allerdings nur als Besucher. Mir ist nur aufgefallen, daß der Lehrplan recht konservativ zu sein scheint.«

»Was meinen Sie damit?«

»Nun – es gibt keine Lehrgänge für Guerillakämpfe, keine Seminare über Spionage und keine Kurse über Dechiffrierung –, aber soviel ich weiß, sind Sie ausgerechnet auf diesen drei Gebieten ein Spezialist.«

»Ich bin zum großen Teil Autodidakt.«

»So muß es wohl sein.« Lunz schwieg einen Moment und fragte dann: »Was ist denn eigentlich aus Ihrem Vater geworden?«

»Ich weiß es nicht. Was ihn betrifft, wissen Sie wahrscheinlich sogar besser Bescheid als ich. Eines Tages war er spurlos verschwunden – aber das war ja seit dem Frühjahr '41 bei Tausenden der Fall.«

»War er wie Sie? Ein Royalist, meine ich? Ein Četnik?«

Petersen nickte.

»Und er hatte einen hohen Rang. So hochgestellte Offiziere verschwinden nicht mir nichts, dir

nichts. Vielleicht ist er den Partisanen in die Hände gefallen.«
»Vielleicht. Möglich ist alles.« Petersen lächelte. »Aber wenn Sie den Verdacht haben sollten, daß ich möglicherweise auf Blutrache aus bin, muß ich Sie enttäuschen: falsches Land, falsches Jahrhundert. Aber kommen wir endlich zum Thema: Sie haben mich doch nicht aufgesucht, um etwas über meine Beweggründe oder meine Vergangenheit zu erfahren, sondern weil Sie mich brauchen.«
»Wenn Sie das schon wissen – wissen Sie dann auch, wozu?«
»Natürlich: als Kurier! Die Partisanen haben englische Funkgeräte und geschulte Funker – sowohl aus ihren eigenen Reihen als auch von den Engländern –, und damit wäre es zu riskant, geheime Nachrichten über Funk durchzugeben. Also macht man es sicherheitshalber wie früher und schickt einen ›reitenden Boten‹ – und den soll in diesem Falle ich spielen.«
»Ich wüßte keinen besseren.« Lunz reichte ihm einen Umschlag herüber.
»Instruktionen für unseren Kommandeur – betreffend einen weiteren Angriff auf das Land, das Sie vorzugsweise ›Titoland‹ nennen?«
»Genau.«
»Und warum übermitteln Sie mir den Text nicht mündlich? Ich habe ein ausgezeichnetes Gedächtnis. Bei schriftlichen Mitteilungen besteht

immer die Gefahr, daß sie in falsche Hände geraten. Da hat wieder jemand nicht nachgedacht.« Er tippte sich vielsagend an die Stirn.

Lunz goß sich Cognac nach und räusperte sich. »Ist Ihnen der Name General Alexander von Löhr ein Begriff?«

»Des deutschen Oberbefehlshabers für den südosteuropäischen Raum? Selbstverständlich. Allerdings habe ich ihn nie persönlich kennengelernt.«

»Angesichts Ihrer Einstellung zu ihm wird es auch sicher besser sein, wenn es nicht dazu kommt: ich habe diesen Umschlag nämlich direkt von ihm – und ich weiß nicht, wie er darauf reagieren würde, wenn er wüßte, daß jemand seine geistigen Fähigkeiten anzweifelt.«

»Ich gehe sogar noch weiter: Derjenige, der diesen Mann in sein Amt einsetzte, kann auch nicht ganz bei Trost sein – und das war zweifellos Ihr Führer, oder?«

Oberst Lunz lächelte steif. »Ich wäre Ihnen sehr verbunden, wenn Sie sich etwas mäßigten.«

»Sie haben recht. Was soll ich mich aufregen? Befehl ist nun mal Befehl. Diesmal werde ich aber nicht fliegen, stimmt's?«

»Wieder ein Beweis, wie gut Sie informiert sind.«

»In diesem Fall habe ich nur kombiniert: Wenn Sie ein Flugzeug schicken würden, müßten Sie meine Freunde davon in Kenntnis setzen – und diese Nachricht könnte genauso leicht abgefangen und entschlüsselt werden wie jede andere. Und die Partisanen wären bestimmt verrückt genug, ein Himmelfahrtskommando hinter unsere Linien zu schicken, um das Flugzeug abschießen zu lassen, wenn es bis auf eine Höhe von etwa hundert Metern runter wäre, und sie könnten sicher sein, daß niemand in der Maschine mit dem Leben davonkäme.« Petersen tippte auf den Umschlag. »Also per Schiff. Wann?«

»Morgen nacht.«

»Und von wo aus?«

»Termoli.«

»Was für ein Boot ist es?«

»Sie stellen eine Menge Fragen.«

»Schließlich geht es ja auch um meinen Hals! Wenn Ihre Reisedispositionen nicht meinen Vorstellungen entsprechen, treffe ich meine eigenen.«

»Ich bin über Ihren Hang zu Eigenmächtigkeiten informiert.«

»Immer nur im Interesse aller Beteiligten.«

»Aber selbstverständlich. In diesem Fall gehen Sie an Bord eines italienischen Torpedobootes.«

»Die Dinger hört man doch auf zwanzig Kilometer!«

»Na und? Sie werden bei Ploče anlegen, das, wie Sie wissen, in italienischer Hand ist. Selbst wenn man das Boot auf fünfzig Kilometer hören könnte, würde es nichts ausmachen: Die Partisanen haben keine Flugzeuge und keine Schiffe – nichts, was Sie aufhalten könnte.«

»Ich bin einverstanden.«

»Ich danke Ihnen vielmals!« lächelte der Oberst sarkastisch. »Ach – jetzt hätte ich beinah vergessen, Ihnen zu sagen, daß Sie in Begleitung reisen werden.«

»Sie haben es nicht vergessen – Sie haben es sich absichtlich bis zum Schluß aufgespart!« Petersen füllte die Gläser wieder und sah Lunz mit gerunzelter Stirn an. »Das gefällt mir gar nicht. Sie wissen genau, daß ich ein Einzelgänger bin.«

»Das stimmt doch gar nicht.«

»Ach – Sie meinen George und Alex? Sie kennen sie also?«

»Sie sind ja schwerlich zu übersehen – und sie haben dieses gewisse Flair ...«

»Welches Flair?«

»Wie es Berufskiller eben haben.«

»Sie haben nur zur Hälfte recht: Die beiden sind sehr verschieden. Und außerdem haben sie lediglich die Aufgabe, mir den Rücken zu decken. Ich möchte mich ja nicht beklagen, aber es gibt doch tatsächlich immer wieder Leute, die mir nachspionieren.«

»Berufsrisiko«, sagte Lunz trocken. »Aber um auf die Begleitung zurückzukommen, von der ich sprach: Es handelt sich um zwei junge Leute – Funkerverstärkung für Ihre Četniks –, und sie

werden die derzeit modernste Ausrüstung mitbringen.«
»Wer sind sie?«
»Spitzenkräfte. Sie heißen Sarina und Michael und haben nur einen Wunsch: sich Ihren Freunden anzuschließen!«
»Also ein Mann und eine Frau.«
»Ja.«
»Nein!«
»Was heißt ›nein‹?«
»Ich habe weder Zeit noch Lust, die Erfüllung meiner Aufgabe aufs Spiel zu setzen, weil ich nebenher noch als Anstandswauwau fungieren muß.«
»Es handelt sich um Geschwister.«
»Das ist etwas anderes. Landsleute?«
»Natürlich.«
»Warum finden sie ihren Weg dann nicht allein?«
»Weil sie seit drei Jahren nicht zu Hause waren. Sie sind in Kairo ausgebildet worden. Und es geht ja zur Zeit ziemlich drunter und drüber in Ihrem Land, mein Freund: Deutsche hier, Italiener dort, Ustaša, Četniks, wo man hinsieht Partisanen – alles ziemlich verwirrend. Aber Sie finden sich trotzdem zurecht – soweit ich informiert bin, besser als jeder andere.«
»Zugegeben – ich verirre mich höchst selten«, grinste Petersen. »Aber ich möchte die beiden vor der Abreise unbedingt sehen.«

»Damit hatte ich gerechnet.« Lunz stand auf, trank sein Glas aus und schaute auf die Uhr. »Ich hole Sie in vierzig Minuten hier ab.«

Auf Petersens Klopfen öffnete George die Tür. Entgegen der Behauptung von Oberst Lunz sah er aber auch nicht im entferntesten wie ein Berufskiller aus – eher wie ein Posaunenengel: Auf seinem runden Kopf thronte ein wirres Knäuel schwarzer, mit vielen grauen Fäden durchzogener Haare. Er war schon über fünfzig und ein wahrer Fleischberg. Der Gürtel, den er sich dort um den Leib geschnürt hatte, betonte seinen Schmerbauch noch stärker anstatt ihn zu kaschieren. Er schloß die Tür hinter Petersen und ging zu der linken Wand hinüber. Wie viele schwere Menschen bewegte er sich mit erstaunlicher Leichtfüßigkeit und Schnelligkeit. Er entfernte einen Gummisaugnapf von der Wand, in dessen Mitte ein Stift steckte, der durch einen Draht mit einem Transformator und von dort aus mit einem Kopfhörer verbunden war.
»Der Oberst scheint ein netter Kerl zu sein«, meinte George mit echtem Bedauern in der Stimme. »Zu schade, daß er auf der anderen Seite steht.« Er warf einen Blick auf den Umschlag, den Petersen mitgebracht hatte. »Aha – die Operationsbefehle.« Petersen nickte und wandte sich dem Mann zu, der auf einem der schmalen Betten lag. »Alex?«

Der Mann stand auf. Im Gegensatz zu George hatte er kein Begrüßungslächeln für Petersen – aber das hatte nichts zu bedeuten, denn Alex lächelte nie. Er war etwa so groß wie George – aber damit war die Ähnlichkeit auch schon zu Ende: Er war hager und hatte ein dunkles Gesicht mit schwarzen, wachsamen, harten Augen. Wortlos nahm er den Umschlag, griff in einen Rucksack, förderte einen kleinen Butangasbrenner und einen passenden Wasserkessel zutage und begann, Dampf zu produzieren. Kurz darauf zog Petersen zwei eng beschriebene Blätter aus dem jetzt offenen Couvert und studierte sie sorgfältig. Als er fertig war, hob er den Kopf und sah seine beiden Freunde sehr nachdenklich an. »Das hier dürfte eine ganze Menge Leute brennend interessieren. Wir haben zwar tiefsten Winter, aber es sieht so aus, als würde es in den bosnischen Wäldern in nächster Zeit ausgesprochen heiß hergehen. Die Deutschen machen Ernst. Sieben Divisionen werden losgeschickt: vier deutsche unter General Lütters, und drei italienische unter General Gloria!«

»Donnerwetter!« George legte sein Gesicht in sorgenvolle Falten.

»Es ist allgemein bekannt, daß die Partisanen in und um Bihac stationiert sind. Die Deutschen werden von Norden und Osten angreifen – die Italiener von Süden und Westen. Simpel, aber wirkungsvoll. Und um ganz sicher zu gehen, setzen die Deutschen und Italiener auch noch Bomberverbände und Kampfflugzeuge ein!«

»Und die Partisanen haben kein einziges Flugzeug!«

»Was noch schlimmer ist: Die paar Luftabwehrgeschütze, die sie haben, sind samt und sonders museumsreif!« Petersen steckte die beiden Blätter in den Umschlag zurück und verschloß ihn wieder. Dann sah er auf die Uhr: »Ich muß in einer Viertelstunde wieder weg. Lunz will mir die beiden jungen Leute vorführen, die wir mitnehmen sollen.«

»Ich bezweifle, daß er sie uns nur aufhängt, weil sie sich allein nicht zurechtfinden würden.« Mißtrauen war eine der wenigen Emotionen, die Alex sich gestattete.

»Ich auch. Also macht euch auf die Socken. Aber natürlich erst nach mir.«

»Ein bißchen frische Luft wird uns bestimmt guttun«, meinte George. »In diesen Hotelzimmern wird es mit der Zeit doch recht stickig.« Das traf in diesem Fall ganz besonders zu, denn Georges Vorliebe für Bier wurde nur noch von seinem ausgesprochenen Faible für übelst stinkende Zigarren übertroffen.

»Und was sollen wir tun?«

»Aufpassen, wo man mich hinbringt – und versuchen, möglichst viel über diese beiden ach so hilflosen Kinder herauszukriegen. Aber bitte, brich ja nicht etwa irgendwelche Türen auf,

George! Es muß alles völlig unauffällig vor sich gehen. Mit Taktgefühl und Diplomatie.«
»Ist doch unsere Spezialität!« erklärte George großspurig. »Sollen wir italienische Polizeimarken benutzen?«
»Was dachtest du denn?«

Wenigstens stimmt es, daß sie Geschwister sind, dachte Petersen: man sah auf den ersten Blick, daß die beiden jungen Leute Zwillinge waren. Michael war dunkelbraun – zweifellos das Resultat seines langen Aufenthalts in Kairo –, hatte schwarze Haare und haselnußbraune Augen. Sarina hatte die makellose, pfirsichgetönte Haut einer Frau, der die ägyptische Sonne nichts anhaben konnte, kurze, kastanienbraune Haare und die gleichen Augen wie ihr Bruder. Er war untersetzt und breitschultrig – ihre Figur war unmöglich zu erkennen, denn wie ihr Bruder trug sie einen formlosen, khakifarbenen Arbeitsanzug.
Nach der Begrüßung setzten sie sich nebeneinander auf die Couch – und obwohl sie sich redlich bemühten, ruhig und gelassen zu erscheinen, spürte Petersen doch ganz deutlich ihre innere Anspannung.
Er lehnte sich in seinem Sessel zurück und sah sich anerkennend in dem großen Raum um: »Das nenne ich Luxus! Sie verstehen es weiß Gott, sich das Leben angenehm zu gestalten!«

»Oberst Lunz hat das für uns arrangiert«, erklärte Michael.

»Natürlich! Typischer Fall von Bevorzugung! Mein spartanisches Quartier ...«

»... war Ihre eigene Wahl«, unterbrach ihn Lunz mit einem milden Lächeln.

»Da haben Sie recht. Ich bin ja auch ganz zufrieden.« Er schaute wieder die Geschwister an. »Wollen wir nicht einen Schluck auf unsere Bekanntschaft trinken?«

»Wir trinken nicht!« Sarinas Stimme war dunkel und leise – aber entschieden.

»Sehr lobenswert!« lächelte Petersen. »Wie ich hörte, wollen Sie sich meinen Freunden anschließen. Demnach müssen Sie Royalisten sein. Können Sie das beweisen?«

»Müssen wir das?« fragte Michael aggressiv.

Das Lächeln verschwand. »Wenn wir miteinander auskommen sollen, rate ich Ihnen, sich möglichst schnell einen anderen Ton zuzulegen! Und was Ihre Frage betrifft: Ich kann es mir nicht leisten, jemandem aufgrund seiner schönen Augen zu vertrauen.«

Sarina sah Petersen an und sagte kleinlaut: »Ich kenne König Peter. Von früher.«

»Da dieser sich zur Zeit in London aufhält und keine Anrufe der Wehrmacht entgegennimmt, dürfte das im Augenblick von hier aus ziemlich schwer nachzuprüfen sein. Woher soll ich wissen, daß ich, wenn ich Sie mitnehme, nicht irgendwann ein paar Löcher im Rücken haben werde – von Kugeln oder Messerstichen oder ähnlichem?«

Das Mädchen starrte ihn an, und alle Farbe wich aus ihrem Gesicht. »Sie müssen verrückt sein!« flüsterte sie. »Wie, in aller Welt, können Sie annehmen, daß einer von uns ...«

»Ich bin nicht im geringsten verrückt – nur vorsichtig! Und genau aus diesem Grund bin ich immer noch am Leben.« Petersen sah die beiden jungen Leute eine Weile schweigend an und seufzte schließlich gottergeben. »Sie wollen also mit mir nach Jugoslawien fahren?«

Sarinas Augen sprühten Blitze: »Nach dem, was Sie gerade gesagt haben, eigentlich nicht mehr!« Sie sah ihren Bruder an, dann Lunz und dann wieder Petersen: »Aber haben wir denn überhaupt eine Wahl?«

»Jede Menge! Fragen Sie Oberst Lunz.«

»Herr Oberst?«

»Ich würde Ihnen keine der wenigen in Frage kommenden Möglichkeiten empfehlen. Sie sollen beide gesund an Ihr Ziel gelangen – und wenn Sie das auf andere Weise versuchen, sind Ihre Chancen dafür relativ gering. Und wenn Sie es auf eigene Faust versuchen, haben Sie gar keine! Bei Major Petersen sind Sie in besten Händen und haben die Garantie, daß Sie ankommen – lebend, meine ich.«

»Sie halten offenbar große Stücke auf Major Petersen«, bemerkte Michael – und man merkte ihm deutlich an, wie schwer es ihm fiel, seine Aggressionen im Zaum zu halten.

»Das tue ich allerdings«, nickte Lunz. »Und mit gutem Grund: Nicht nur, daß er das Land so gut kennt, wie keiner von Ihnen beiden es jemals kennenlernen wird – er bewegt sich sicher durch jedes Gelände, ob es nun in Freundes- oder Feindeshand ist. Und das ist von entscheidender Bedeutung, denn die Gebiete wechseln ständig den Besitzer: Was heute von den Četniks besetzt ist, kann schon morgen in den Händen der Partisanen sein. Sie wären so verloren wie Schafe in einem Pferch, wenn ein Wolfsrudel angreift.«

Zum ersten Mal zeigte sich die Andeutung eines Lächelns auf dem Gesicht des Mädchens. »Ist der Major auch ein Wolf?«

»Eher ein Säbelzahntiger. Und er hat noch dazu zwei zuverlässige Trabanten.«

Petersen sah die Geschwister an und sagte: »Die Kluft, die Sie da tragen – ist die aus englischen Beständen?«

Die beiden nickten.

»Haben Sie Sachen zum Wechseln?«

Wieder nickten beide.

»Winterkleidung? Warme Stiefel?«

»Nein, das nicht«, sagte Michael. »Wir hatten nicht damit gerechnet, daß wir so was brauchen würden.«

»Sie hatten nicht damit gerechnet, daß sie so was

brauchen würden!« Petersen betrachtete angelegentlich die Zimmerdecke. Dann wandte er sich wieder den beiden auf dem Sofa zu, die sich jetzt offensichtlich ziemlich unbehaglich fühlten: »Sie sind im tiefsten Winter auf dem Weg in die Berge – nicht zu einer Gartenparty im Hochsommer!«

»Ich bin sicher, daß ich die nötigen Sachen bis morgen früh beschaffen kann«, sagte Lunz.

»Danke, Oberst.« Petersen deutete auf zwei ziemlich große, in Segeltuch eingeschlagene Kisten, die auf dem Boden standen. »Ich nehme an, das sind Ihre Funkgeräte. Englische?«

Michael nickte. »Die neuesten Modelle. Sehr widerstandsfähig.«

»Wie steht es mit Ersatzteilen?«

»Alles, was wir brauchen, haben die Experten gesagt.«

»Ihre Experten sind bestimmt noch nie mit einem Funkgerät auf dem Rücken in eine Schlucht gestürzt. Sie sind von Engländern ausgebildet worden?«

»Nein, von Amerikanern.«

»In Kairo!?«

»Das ist nichts Besonderes: Da wimmelt es von Amis. Wir hatten einen Marinefeldwebel als Lehrer – Experte für ein paar neue Codes. Er unterrichtete gleichzeitig auch eine Gruppe von Engländern.«

»Das hört sich ja ganz gut an. Jetzt müssen wir

nur noch etwas Grundsätzliches klären: Ich bin ab sofort Ihr Vorgesetzter! Meine Befehle werden widerspruchslos befolgt! Falls nicht, lasse ich Sie in Italien sitzen, werfe Sie irgendwo in die Adria oder überlasse Sie in Jugoslawien einfach Ihrem Schicksal. Ich werde meine Mission auf keinen Fall durch zwei ungehorsame Kinder gefährden lassen!«

»Kinder!« Michael ballte die Fäuste. »Sie haben kein Recht, uns ...«

»Doch, das hat er!« unterbrach Lunz den jungen Mann scharf. »Sie sind jung und völlig unerfahren – und das macht Sie zu einer Gefahr. Ob vereidigt oder nicht: Sie beide sind jetzt Mitglieder der Königlich-Jugoslawischen Armee – und als einfache Soldaten haben Sie den Anordnungen von Offizieren Folge zu leisten!«

Petersen, der sein Interesse wieder der Zimmerdecke zugewandt hatte, sagte: »Und Sie kennen doch sicher die im Krieg geltende Strafe für Befehlsverweigerung ...«

Im Wagen des Oberst seufzte Petersen: »Ich glaube, die beiden jungen Leute hatten eine etwas andere Vorstellung von ihrer Reise – und von mir: Als wir gingen, sahen sie ziemlich unglücklich aus.«

»Sie sind eben verwöhnt und haben nicht gelernt, sich unterzuordnen. Aristokraten. Von Granholm. Komischer Name für Jugoslawen.«

»Eigentlich nicht: wahrscheinlich Slowenen mit österreichischen Vorfahren.«
»Wie auch immer – Sie sind sicher der erste Mensch, der sie so autoritär behandelt hat.«
»Sie werden eben umdenken müssen.«

Petersen war gerade eine halbe Stunde zurück, als George und Alex eintrafen. »Viel haben wir nicht für dich«, sagte George, »aber wir wissen immerhin, wie sie heißen!«
»Das weiß ich auch. Und weiter?«
»Der Mann an der Rezeption sagte uns, er habe keine Ahnung, wer die beiden seien – er wisse nur, daß Oberst Lunz sie hergebracht habe. Er gab uns ohne weitere Umstände ihre Zimmernummer – aber das half uns wenig, denn er mußte uns laut Anordnung hinaufbegleiten. Wir erkundigten uns noch, ob links oder rechts von dem genannten ein Zimmer frei sei, worauf wir informiert wurden, daß die jungen Leute eine ganze Suite bewohnten – und so zogen wir wieder ab.«
»Und warum kommt ihr dann erst jetzt zurück?«
George schnitt eine Grimasse: »Wenn du einen doch bloß mal ausreden lassen würdest! Wir kletterten an der Rückseite des Hotels eine Feuerleiter hinauf und balancierten einen schmalen Sims entlang. Einen sehr schmalen Sims! Und das, wo ich schließlich nicht mehr der

Jüngste und außerdem auch nicht schwindelfrei bin!«
Petersen unterdrückte ein Grinsen: Die von Granholms wohnten im ersten Stock! »Und dann?«
»Vor ihrem Wohnzimmer war ein kleiner Balkon – und vor den Fenstertüren hingen nur Stores.«
»Ihr konntet also alles deutlich sehen.«
»Und hören: Der junge Mann war gerade dabei, eine kurze Nachricht zu senden!«
»Interessant – aber eigentlich nicht überraschend. In Code?«
»Nein – Klartext.«
»Und was sagte er?«
»Keinen Schimmer! Vielleicht war es chinesisch. Jedenfalls keine europäische Sprache. Also machten wir uns auf den Rückweg.«
»Hat euch bei euerem ›Drahtseilakt‹ jemand gesehen?«
George gab sich alle Mühe, seinem pausbäckigen Gesicht einen gekränkten Ausdruck zu verleihen: »Aber mein lieber Peter ...« Petersen unterbrach ihn mit einer Handbewegung. Nicht viele Menschen nannten ihn beim Vornamen, aber in diesem Fall hatte diese Vertraulichkeit durchaus ihre Berechtigung: Petersen hatte vor dem Krieg an der Belgrader Universität Georges Vorlesungen besucht, wo dieser Dekan und Professor für abendländische Sprachen gewesen war. George

beherrschte mehr als ein Dutzend Sprachen fließend und war in einer beträchtlichen Anzahl weiterer so beschlagen, daß er sich jederzeit verständigen konnte.

»Entschuldige, entschuldige!« Petersen betrachtete den massigen Körper seines Freundes. »Wie konnte ich nur fragen: Du bist doch sowieso kaum zu sehen! Schade, daß du nicht verstanden hast, was der junge Mann über Funk durchgegeben hat.«

George überlegte kurz und meinte dann: »Vielleicht können Alex und ich ja morgen nacht auf dem Boot mehr herausbekommen.«

Petersen schüttelte den Kopf: »Ich habe versprochen, die beiden gesund abzuliefern.«

»Was geht uns Oberst Lunz an?«

»Es ist doch auch in unserem Sinne, daß sie gesund ihr Ziel erreichen.«

George tippte sich an die Stirn: »Ich werde langsam alt.«

»Aber nicht doch – du bist bloß manchmal ein bißchen zerstreut, Professor.«

2

Die Wehrmacht hielt nicht viel davon, ihre Verbündeten in Luxuslimousinen transportieren zu lassen: Petersen und seine Begleiter durchquerten Italien am folgenden Tag auf der Ladefläche eines Lastwagens, der zwar die geeignete Bereifung hatte, aber dafür so gut wie keine Federung: Die Vibration war so stark, daß die Zähne der Passagiere aufeinanderschlugen; dabei machte der alte Karren einen solchen Radau, daß ein Gespräch so gut wie ausgeschlossen war. Die Abdeckplane war hinten offen – und das bei einer Temperatur, die eindeutig unter dem Gefrierpunkt lag! Es war eine Fahrt, an die sie sicherlich noch lange denken würden – aber bestimmt nicht voller Begeisterung!

Der Gestank des Auspuffs hätte unter normalen Umständen wohl alle benebelt – aber die Abgase scheiterten an dem Aroma, das Georges Zigarren verbreiteten. Mit Rücksicht auf seine Mitreisenden hatte er sich ganz hinten in eine Ecke verzogen – und wenn er nicht gerade rauchte, labte er sich an dem Inhalt eines Kastens Bier, der zu

seinen Füßen stand. Er schien mit sich und der Welt im reinen zu sein.
Die von Granholms saßen in ihrer neuen Winterausrüstung am vorderen Ende der nackten Holzbank auf der linken Seite. Sie machten einen ebenso niedergedrückten Eindruck wie am Abend zuvor nach ihrem Gespräch mit Petersen. Das konnte möglicherweise auf die mißlichen Reiseumstände zurückzuführen sein, aber Petersen hielt es für wahrscheinlicher, daß sie noch immer an ihrem verletzten Stolz herumlaborierten.
Nachdem sie auf wunderbare Weise die halsbrecherischen Haarnadelkurven der Gebirgsstraßen heil hinter sich gebracht hatten, die eine Fahrt durch die Apenninen so anstrengend machten, hielten sie in einem kleinen Ort in der Nähe von Corfinio an, um Mittag zu essen. Sie hatten Rom um sieben Uhr früh verlassen und damit für rund hundertfünfzig Kilometer fünf Stunden gebraucht – aber in Anbetracht des jammervollen Zustandes sowohl der Straße als auch des Fahrzeugs war das eine ganz gute Zeit. Außer George, der gegen Temperatureinflüsse immun zu sein schien, hatten alle ziemliche Schwierigkeiten, ihre steifgefrorenen Glieder so weit zu aktivieren, daß sie von der Ladefläche herunterklettern konnten – aber schließlich standen sie dann doch auf der hartgefrorenen Erde und sahen sich um: Der Ort – wenn man ihn über-

haupt als solchen bezeichnen konnte – hatte nicht einmal einen Namen und bestand aus einer Handvoll Steinhütten, einem Laden, der auch das Postamt beherbergte, und einem winzigen Gasthaus.

Der Wirt schien merklich nervös zu sein, und der geradezu bemerkenswert ungeschickte Kellner machte ein ausgesprochen finsteres Gesicht – jedoch die Gaststube wurde durch das funkensprühende Feuer, das in dem offenen Kamin brannte, gemütlich warm, das Essen war einfach, aber gut und reichlich, und Wein und Bier erschienen unaufgefordert auf dem Tisch.

Ohne George wäre die Mahlzeit sicherlich in völligem Schweigen verlaufen, denn Petersen schien in Gedanken ganz woanders zu sein; Alex schwieg aus Gewohnheit; die von Granholms blickten unverwandt auf ihre Teller und stocherten lustlos in ihrem Essen herum; die einzigen, die sich unterhielten – der Lastwagenfahrer und sein Begleiter (der eine Maschinenpistole unter dem Beifahrersitz und eine Luger in der Jacke hatte) –, saßen an einem anderen Tisch. Aber nachdem George mit einer affenartigen Geschwindigkeit seinen Teller leergegessen und einen Krug Bier hinterhergeschüttet hatte, stürzte er sich mit ebensolchem Feuereifer auf die jungen Leute: In Null Komma nichts hatte er heraus, daß sie – wie Petersen vermutet hatte – Slowenen mit österreichischen Vorfahren waren und kannte ihren gesamten Ausbildungsweg: Volksschule in Ljubljana, Oberschule in Zagreb, Studium in Kairo.

»Kairo!« George zog seine Brauen so weit hoch, daß sie fast unter seinem Haaransatz verschwanden. »Was, um Himmels willen, hat Sie denn dazu bewogen, sich in diesen kulturellen Sumpf zu begeben?«

»Es war der Wunsch unseres Vaters«, erklärte Michael. Es sollte kühl und abweisend klingen, kam aber eher schüchtern heraus.

»Und was haben Sie dort studiert?«

»Sie stellen eine Menge Fragen!«

»Ich interessiere mich eben für junge Leute«, lächelte George.

»Und speziell für uns, nicht wahr, Mr. – äh –« Sarina brach ab.

»Nennen Sie mich einfach George. Und seien Sie nicht so kratzbürstig, junge Dame. Ist es denn so unverständlich, daß ich etwas über Sie wissen möchte? Schließlich reisen wir doch zusammen. Also – wie ist es?«

»Wirtschaftslehre und Politische Wissenschaften.«

»Grundgütiger Himmel!« Er schlug sich an die Stirn: Als Darsteller klassischer Rollen wäre er verhungert – als Kantinenschauspieler war er unschlagbar. »Dazu mußten Sie ausgerechnet nach Ägypten gehen? Wissen Sie denn nicht, daß die Wirtschaft dieses Landes am Zusammenbrechen ist und daß es fast jeder Nation der Erde in allen erdenklichen Währungen wahre Unsummen schuldet? Und was die Politik betrifft, so ist es für den Rest der Welt nichts als ein Spielball!«

George machte eine Pause, um Luft zu schöpfen, und fuhr dann kopfschüttelnd fort: »Man fragt sich, was Ihre Eltern gegen unsere eigenen Ausbildungsstätten hatten. Man muß zugeben, daß Oxford und Cambridge Vorteile haben, und gegen Heidelberg, die Sorbonne und Padua läßt sich auch nicht viel sagen – aber Belgrad ist doch unbestritten die Spitze!«

Ein angedeutetes Lächeln erhellte Sarinas Gesicht: »Sie scheinen ja eine Menge über Universitäten zu wissen, Mr. – äh – George.«

Und nun wuchs George über sich selbst hinaus. Voller Bescheidenheit sagte er: »Ich hatte im Laufe meines Lebens das Glück, viel mit Akademikern zusammenzukommen, von denen einige sogar ausgesprochen berühmt waren.«

Die von Granholms wechselten einen Blick: Ihrer Meinung nach mußte sich dieser Kontakt zweifellos ergeben haben, als George die Hörsäle saubermachte – und seine Redegewandtheit hatte er sich wohl beim Reinigen der Gemeinschaftsräume angeeignet oder vielleicht, wenn er am »High-table« im College servierte.

George ließ sie in dem Glauben und wechselte das Thema: »Sie sind natürlich Royalisten.«

»Wieso ›natürlich‹?« fragte Michael scharf.
George seufzte. »Ich hatte die stille Hoffnung, daß dieses minderwertige Institut am Nil Ihnen nicht den gesamten gesunden Menschenverstand geraubt hätte. Wenn Sie keine Royalisten wären, würden Sie kaum bei uns sein. Und außerdem hat Major Petersen es mir gesagt.«
Sarina warf Petersen einen bösen Blick zu: »Behandeln Sie so vertrauliche Informationen?«
»Ich habe nicht gewußt, daß es sich um eine vertrauliche Information handelte«, antwortete Petersen. »Und abgesehen davon ist George mein Vertrauter.«
Sarina senkte den Blick wie ein gemaßregeltes Schulmädchen.
»Ich bin nur etwas verwirrt, wissen Sie«, sagte George. »Sie sind beide Royalisten – also darf man annehmen, daß Ihre Eltern dieselbe Einstellung haben. Es ist nicht ungewöhnlich, daß unsere Adligen ihre Kinder zur Ausbildung ins Ausland schicken – aber doch nicht nach Kairo! Nach Nordeuropa. Hauptsächlich nach England. Die Bande zwischen dem jugoslawischen und dem britischen Königshaus sind ja sehr eng – vor allem die Blutsbande! Deshalb hat König Peter als Exil auch London gewählt. Und Prinz Paul befindet sich ebenfalls unter englischem Schutz.«
»In Kairo heißt es, daß die Engländer ihn gefangen halten«, sagte Michael.

»Quatsch! Er ist in Schutzhaft in Kenia! Er hat ein Konto beim Bankhaus ›Coutts‹ in London, bei dem auch die britische Königsfamilie Kunde ist. Prinz Pauls engster Freund in Europa ist sein Schwager, der Herzog von Kent. Das heißt, er war es, bis er im letzten Jahr bei einem Flugbootunglück ums Leben kam. Und Prinz Paul geht – was allgemein bekannt ist – sehr bald nach Südafrika, wo er in General Smuts einen besonders anglophilen Mann antreffen wird.«
»Da Sie den Namen gerade erwähnen«, sagte Michael langsam. »Hat dieser General Smuts in Nordafrika nicht zwei südafrikanische Divisionen, die Seite an Seite mit der Achten Armee kämpfen?«
»Stimmt.«
»Gegen die Deutschen?«
Georges Gesicht drückte plötzlich einen bei ihm völlig ungewohnten Unmut aus: »Gegen wen denn wohl sonst?«
»Also kämpfen Freunde unserer königlichen Familie in Nordafrika gegen die Deutschen. Wir sind Royalisten, und wir kämpfen mit den Deutschen, nicht gegen sie. Und damit ist es jetzt an mir, verwirrt zu sein!«
»Ich bin überzeugt, für Sie ist das alles klar.« Wieder das angedeutete Lächeln von Sarina – und Petersen begann sich zu fragen, ob er sie anfangs wohl falsch eingeschätzt hatte.
»Selbstverständlich«, nickte George. »Die Deut-

schen sind doch nur Mittel zum Zweck: Wir kämpfen mit ihnen, aber nicht für sie – wir kämpfen für uns! Und wenn wir sie nicht mehr brauchen …«

Er ließ den Satz unvollendet im Raum stehen, füllte seinen Bierkrug erneut, leerte ihn zur Hälfte und seufzte: »Das schlimme ist, daß uns das übrige Europa nur als einen Teil des Balkanproblems betrachtet – also als relativ unwichtig –, und da bin ich nun entschieden anderer Meinung!«

»Wie sicherlich alle an diesem Tisch«, sagte Petersen. Er wandte sich an Sarina: »George hat so viel von Königshäusern gesprochen, daß mir etwas wieder eingefallen ist: Sie erwähnten gestern abend, daß Sie König Peter kennen.«

»›Kennen‹ war vielleicht etwas übertrieben. Damals war er noch Prinz, und ich habe ihn ein- oder zweimal bei offiziellen Anlässen gesehen.«

»Mir geht es ähnlich. Ich glaube, wir haben kaum mehr als ein Dutzend Worte gewechselt. Ein kluger Kopf – und sehr sympathisch! Nur schade, daß er hinkt!«

»Daß er was?«

»Nun – Sie wissen doch: sein linker Fuß …«

»O ja, natürlich! Ich hatte mich schon gefragt …«

»Er spricht nicht darüber. Es kursieren zwar die abenteuerlichsten Versionen, wie es zu der Verwundung kam – aber ich weiß, daß es lediglich ein ganz simpler Jagdunfall war.«

Er hob den rechten Arm, und der Wirt eilte sofort herbei. »Die Rechnung, bitte.«

»Die Rechnung?« Einen Augenblick lang schien der Mann völlig außer Fassung, aber dann riß er sich zusammen. »Die Rechnung! Ja, natürlich! Sofort!« Er wieselte davon.

Petersen sah die Geschwister an. »Tut mir leid, daß Sie so wenig Appetit hatten – eine Stärkung hätte Ihnen sicher gutgetan. Aber den Rest der Fahrt geht es ja wenigstens bergab – und je näher wir der Adria kommen, um so wärmer wird es werden.«

»Nein, das wird es nicht!« Es war das erste, was Alex sagte, seit sie das Gasthaus betreten hatten – und natürlich war es etwas Negatives! »Wir sind jetzt etwa eine Stunde hier, und inzwischen ist der Wind so stark geworden, daß man ihn sogar hier drin hören kann.« Alle schwiegen und horchten – und sie hörten ihn tatsächlich: Das unheimliche Heulen verhieß nichts Gutes.

»Ost-Nordost«, sagte Alex düster. »Direkt von Sibirien. Wenn die Sonne untergeht, wird es eisig!«

»Du hast doch immer ein ermutigendes Wort auf den Lippen«, sagte Petersen trocken. Dann sah er sich die Rechnung an, gab dem Wirt ein paar Geldscheine, wies das angebotene Wechselgeld mit einer Handbewegung zurück und fragte: »Können wir Ihnen vielleicht ein paar Decken abkaufen?«

»Decken?« Der Wirt runzelte verwirrt die Stirn: Ein solches Ansinnen wurde schließlich nicht alle Tage an ihn gestellt.

»Ja – Decken! Wir haben noch eine lange Fahrt vor uns, und in unserem Wagen gibt es keine Heizung.«

Jetzt hatte der Mann begriffen. »Ich bringe sie sofort!« Bereits eine Minute später kehrte er mit einem Armvoll dicker Wolldecken zurück, die er auf einem leeren Tisch ablegte. »Werden die ausreichen?«

»Ganz bestimmt. Vielen Dank. Wieviel bin ich Ihnen schuldig?«

Der Wirt hob abwehrend die Hände: »Natürlich nichts! Ich habe doch keinen Laden!«

»Ich bestehe darauf, sie zu bezahlen – Sie haben sie ja bestimmt auch nicht umsonst bekommen.«

Der Fahrer des Wagens war an den Tisch getreten und sagte: »Ich komme morgen ja wieder hier vorbei – dann kann ich sie ja zurückbringen.«

Damit war dieses Problem gelöst. Alex – gefolgt von den Geschwistern – half dem Wirt, die Dekken zum Lastwagen zu tragen. Petersen und George blieben im Flur zurück und schlossen die Türen zum Gastraum und nach draußen.

»Du bist doch wirklich ein raffinierter Kerl!«

grinste Petersen. »Ich möchte nie in die Lage kommen, einem wie dir zwischen die Finger zu geraten. Du stellst eine Frage, und ob das Opfer nun ›ja‹, ›nein‹ oder gar nichts sagt – deine Antwort bekommst du immer!«

»Wenn man fünfundzwanzig der besten Jahre seines Lebens mit geistig minderbemittelten Studenten zugebracht hat ...« George ließ den Satz in der Luft hängen.

»Ich bin kein geistig minderbemittelter Student – aber ich möchte dir trotzdem nicht in die Hände fallen. Hast du dir eine Meinung über unsere jungen Freunde gebildet?«

»Habe ich.«

»Ich auch: Michael ist kein Geistesriese – aber seine Schwester sollte man nicht unterschätzen.«

»Sehr richtig.«

»Hältst du das Mädchen für gefährlich?«

»Nein – ich glaube, sie steht wirklich auf unserer Seite.«

»Was meinst du zu dem Wirt?«

»Auffallend nervös und unterwürfig – dabei sieht er eher aus wie ein Mittelgewichtsboxer. Er schien völlig aus der Fassung, als du das Essen bezahlen wolltest – woraus man schließen kann, daß er meistens Gäste hat, die nicht daran denken, zu blechen! Und die Weigerung, Geld für die Decken zu nehmen! Wo die Italiener sich doch normalerweise keine Gelegenheit entgehen lassen, ein Geschäft zu machen! Aber wir würden uns sicher auch etwas merkwürdig verhalten, wenn wir für die SS arbeiteten, meinst du nicht?«

»Oberst Lunz wirft einen langen Schatten! Und was ist mit dem Kellner?«

»Die Gestapo ist in meiner Achtung tief gesunken: Wenn sie schon einen Agenten als Ober einsetzen, sollten sie ihm vorher doch wenigstens die Grundbegriffe dieses Berufs beibringen. Er tat mir direkt leid.« Nach einer kleinen Pause fuhr George fort: »Du hast vorhin König Peter erwähnt.«

»Und?«

»Ich habe ihn zwei- oder dreimal gesehen – aber da hinkte er noch nicht.«

»Das tut er auch jetzt noch nicht.«

George nickte bedächtig. »Und du schimpfst mich raffiniert!«

Petersen öffnete die Tür nach draußen und klopfte George auf die Schulter. »Es ist die heutige Zeit, die uns immer wieder zu solch kleinen Tricks zwingt.«

Die zweite Hälfte der Reise verlief etwas angenehmer – aber nicht wesentlich. Die von Granholms hatten sich bis über die Ohren in Decken gewickelt und zitterten nun nicht mehr, aber sie starrten unverändert düster vor sich hin und antworteten nicht einmal, als George ihnen –

brüllend, um den Motorenlärm zu übertönen – einen Schluck zu trinken anbot: Sarina schauderte zusammen, und Michael schüttelte lediglich den Kopf. Ohne es zu wissen, hatten die beiden damit eine weise Entscheidung getroffen, denn George hatte in seiner Flasche nicht etwa Cognac, sondern sein Lieblingsgetränk: den Pflaumenschnaps seiner Heimat, der durchschnittlichen Sterblichen Löcher in die Magenwände fraß!

Etwa zwölf Kilometer von Pescara entfernt bogen sie in der Nähe von Chieti ab und erreichten die adriatische Küstenstraße zu einem Zeitpunkt noch verfrühter Abenddämmerung, die auf die schwarzen Wolken zurückzuführen war, welche – wie Alex in seiner gewohnt aufmunternden Art feststellte – auf schweren Schneefall hindeuteten. Die Küstenstraße war nach der holprigen Bergstraße geradezu eine Erholung – obwohl man auch hier das Fehlen der Federung immer noch spürte. Nach zwei Stunden erreichten sie Termoli – einen Ort, der zu Kriegszeiten und dann auch noch in einer Winternacht kaum dazu angetan war, einen Poeten oder Komponisten zu inspirieren: er wirkte kahl, grau in grau, schmuddelig und finster – bis auf den Lichtschein, der durch ein paar schlampig abgedunkelte Kneipenfenster nach draußen fiel.

Am Hafen jedoch brannten ein paar schwache Straßenlaternen, die gerade ausreichten, um die

Umrisse des Bootes erkennen zu lassen, das am Kai lag: ihr Transportmittel nach Jugoslawien!
Daß es sich um ein Torpedoboot handelte, war klar ersichtlich – sein Baujahr hingegen nicht. Aber es mußte schon einige Zeit auf dem Buckel haben, denn man sah deutlich die Spuren vieler Kriegseinsätze, die zu beseitigen sich niemand die Mühe gemacht hatte. Es hatte keine Torpedos an Bord – die Torpedorohre waren entfernt worden – und auch keine Wasserbomben, denn man hatte sogar die dafür nötigen Regale demontiert. Die einzige Bewaffnung – wenn man es überhaupt so nennen konnte – bestand aus zwei kleinen, einläufigen Gewehren, die jeweils an Bug und Heck montiert waren. Sie hatten eine verdammte Ähnlichkeit mit Hotchkiss-Repetiergewehren – einer der unpräzisesten Waffentypen, die jemals bei der Marine eingesetzt worden waren!
Oben an der Gangway des MTB stand ein hochgewachsener Mann in einer Uniform, die man mit viel Phantasie als der Marine zugehörig erkennen konnte. Er trug ein Käppi ohne Rangabzeichen, hatte eine auffallend gebückte Haltung, und sein Gesicht zierte ein imposanter, schneeweißer Buffalo-Bill-Bart.
Als Petersen und seine Begleiter langsam auf ihn zukamen, salutierte er lässig mit halb erhobener Hand.

»Guten Abend. Mein Name ist Pietro. Sie müssen der Major sein, den wir erwarten.«

»Richtig. Guten Abend.«

»Und drei Männer und eine Dame. In Ordnung. Ich werde Ihr Gepäck sofort an Bord bringen lassen. Und jetzt folgen Sie mir bitte: der Käptn möchte Sie sofort nach Ihrer Ankunft sehen.«

Der Raum, in den sie geführt wurden, war offensichtlich Kapitänskabine, Navigationsraum und Messe in einem: Auf einem MTB war der Platz äußerst knapp.

»Ihre Gäste, Carlos«, sagte Pietro. »Der Major und seine vier Begleiter – wie angekündigt.«

Der Kapitän saß hinter seinem Schreibtisch und hob grüßend die linke Hand. »Kommen Sie rein, kommen Sie rein. Danke, Pietro. Schick mir bitte den Jungen.«

»Kann er erst das Gepäck holen?«

»Natürlich.«

Pietro verschwand. Der Kapitän war ein junger Mann mit schwarzem Lockenkopf, dunkelbraunem Gesicht, warmen braunen Augen und leuchtend weißen Zähnen, die blitzten, als er seinen neuen Passagieren herzlich entgegenlächelte.

»Ich bin Leutnant Giancarlo Tremino, aber Sie können getrost Carlos zu mir sagen – das tun fast alle. Es gibt eben keine Disziplin mehr bei der Marine – was Sie auch an mir ohne weiteres feststellen können.« Er deutete auf seine Klei-

dung – ein weißes Polohemd und graue Flanellhosen: »Wozu sollte ich eine Uniform tragen? Es kümmert sich eh keiner darum.«
Er reichte Petersen die linke Hand: »Major, ich freue mich sehr, Sie kennenzulernen – und Sie natürlich auch, meine Herrschaften.« Er lächelte in die Runde. »Ich kann Ihnen nicht den Luxus der ›Queen Mary‹ bieten, aber wir haben ein paar kleine Kabinen, sanitäre Einrichtungen – und außerdem kann ich Ihnen eine sichere Ankunft in Ploče garantieren. Diese Garantie beruht auf der Tatsache, daß wir bereits sehr oft die dalmatinische Küste anfuhren, ohne versenkt worden zu sein. Es gibt natürlich immer ein erstes Mal – aber ich bin Optimist.«
»Wir verlassen uns auf Sie«, sagte Petersen. »Mein Vorname ist übrigens Peter; und wenn Sie nicht auf Förmlichkeiten bestehen, werden wir es bestimmt auch nicht tun!« Er stellte seine vier Begleiter vor – auch alle mit den Vornamen. Carlos hatte für jeden einen Handschlag und ein freundliches Lächeln, aber er machte keine Anstalten, aufzustehen. Bevor jedoch Befremden aufkommen konnte, sagte er: »Bitte entschuldigen Sie, daß ich sitzen bleibe. Ich habe weder schlechte Manieren noch bin ich faul.« Er hob seinen rechten Arm, und sie sahen, daß er einen Handschuh trug. Dann bückte er sich und klopfte mit seiner rechten Hand gegen seine rechte Wade: Das Geräusch von Metall, das auf Metall

schlug, ließ die Anwesenden unwillkürlich zusammenzucken. Er richtete sich wieder auf: »Es wird wohl noch eine Weile dauern, bis ich mich an meine ›Ersatzteile‹ gewöhnt habe«, scherzte er. »Und da vorläufig noch jede Bewegung mit Unbehagen verbunden ist, halte ich mich eben so ruhig wie möglich. Aber keine Angst – um Sie nach Ploče zu bringen, bin ich fit genug!«
Sarina sah man ihre Bestürzung deutlich an, Michael versuchte, sein Entsetzen zu verbergen – aber die drei Männer, die gerade achtzehn Monate Krieg in den jugoslawischen Bergen hinter sich hatten, zeigten verständlicherweise keine derartige Regung: Sie waren ganz andere Dinge gewöhnt!
»Pech, daß es ausgerechnet rechts ist«, meinte Petersen nüchtern.
»Leider konnte ich es mir nicht aussuchen«, grinste Carlos.
»Wie ist es denn zu den Verletzungen gekommen?«
»Das waren die perfiden Britannier«, erklärte der Kapitän heiter. »Man kann diesen abscheulichen Engländern doch wirklich nicht über den Weg trauen! Wenn man sich vorstellt, daß sie vor dem Krieg meine dicksten Freunde waren ... Ich bin mit ihnen in der Adria und im Kanal herumgeschippert, in Cowes Rennen gegen sie gefahren ... Na ja – egal. Jedenfalls fuhren wir in der Ägäis so vor uns hin und dachten an nichts Bö-

ses. Es war ganz frühmorgens, und rund um uns eine dicke Nebelsuppe. Und plötzlich sahen wir – weniger als zwei Kilometer entfernt – in einer Nebellücke dieses riesige britische Kriegsschiff auftauchen.«

»Ich habe immer gedacht, daß die Engländer keines ihrer großen Schiffe nördlich von Kreta manövrieren ließen«, warf Petersen ein.

»Wie die Schönheit ist auch die Größe eine Sache der subjektiven Betrachtung«, entgegnete Carlos. »In Wirklichkeit war es nur eine kleine Fregatte – aber uns erschien sie wie ein Schlachtschiff. Wir waren in keinster Weise auf sie gefaßt – aber sie auf uns: Ihre Geschütze waren bereits auf uns gerichtet. Sie müssen Radar gehabt haben. Die ersten beiden Geschosse schlugen nur ein paar Meter von uns entfernt backbord auf dem Wasser auf und explodierten, was unserer Schiffshülle nicht gerade guttat. Zwei weitere, leichte Bomben – pro Stück vielleicht ein Kilo – trafen direkt: Eine drang in den Maschinenraum ein und legte einen der Motoren lahm – leider funktioniert er immer noch nicht wieder, aber wir schaffen es auch so –, und die andere durchschlug die Wand des Ruderhauses.«

»Ich kann mir vorstellen, daß die Explosion von einem Kilo Sprengstoff in einem so kleinen, geschlossenen Raum nicht gerade ein Vergnügen ist«, sagte Petersen.

»Weiß Gott nicht«, stimmte Carlos zu, und für

einen Augenblick verschwand das Lächeln von seinem Gesicht: »Die beiden anderen, die noch bei mir waren, hatten nicht so viel Glück wie ich.«

Es klopfte. Ein sehr junger Matrose trat ein, nahm Haltung an, salutierte zackig und sagte: »Sie haben nach mir geschickt, Herr Kapitän?«

»Richtig. Wir haben Gäste, Pietro: durstige Gäste!«

»Verstehe, Herr Kapitän!« Der Junge salutierte wieder und verschwand.

Petersen sah Carlos verwundert an: »Ich denke, es gibt keine Disziplin mehr bei der Marine?«

Carlos grinste: »Lassen Sie ihm Zeit: Er ist erst seit einem Monat bei uns.«

»Wohl aus der Schule abgehauen, was?« fragte George.

»Er ist älter als er aussieht. Nun ja – wenigstens ein bißchen.«

»Bei Ihrer Crew besteht ja ein ganz beachtlicher Altersunterschied«, konstatierte Petersen. »Der alte Pietro ist doch bestimmt an die Siebzig.«

Carlos lachte. »Er ist schon einiges über siebzig! Aber das macht nichts – wir sind hier schließlich nicht an der Front!«

»Wie sind Sie eigentlich zu diesem Posten gekommen?«

»Aus einem ganz einleuchtenden Grund: Als Sohn eines Besitzers mehrerer Segeljachten gon-

delte ich in den Schul- und später in den Semesterferien ständig mit einem der Boote zwischen den dalmatinischen Inselchen herum. Ich kenne mich dort besser aus als in den Straßen meiner Geburtsstadt Pescara oder in Termoli – und somit war ich genau das, was die Admiralität suchte.«
»Sie sprachen eben von Semesterferien«, hakte George ein. »Was haben Sie denn studiert?«
»Medizin.«
»Medizin?« George sah ihn aus großen Kinderaugen an. »Soll das heißen, daß Sie Arzt sind?!«
»Jedenfalls habe ich eine Urkunde, die das bestätigt«, lächelte Carlos.
»Aber warum hat man Sie dann nicht in Ihrem Beruf arbeiten lassen?«
»Wahrscheinlich hat die Marine genügend Ärzte – und außerdem klingt ›Dr. Tremino, Fährmann Erster Klasse‹ doch auch nicht schlecht, oder?« Nach einer kleinen Pause fügte er grinsend hinzu: »Wenn man allerdings den Zustand dieses Seelenverkäufers in Betracht zieht, der übrigens den sinnigen Namen ›Columbus‹ trägt, kommt es wohl eher auf ›Zweiter Klasse‹ raus. Ah – na endlich!«
Der junge Pietro mußte alle Kräfte aufbieten, um unter der Last, die er hereinschleppte, nicht zusammenzubrechen: Der große Weidenkorb, den er schließlich keuchend auf dem Schreib-

tisch abstellte, enthielt neben einer ausgesuchten Auswahl an Getränken sogar einen Siphon und einen kleinen Kübel mit Eiswürfeln.

»Danke, Pietro«, nickte Carlos. »Bitte sag doch unseren beiden anderen Passagieren Bescheid – vielleicht möchten sie auch einen Schluck trinken.«

»Sofort, Herr Kapitän!« Nach dem unvermeidlichen, zackigen Gruß verschwand der Junge wieder.

»Wir haben noch zwei Leute an Bord, die nach Jugoslawien wollen«, erklärte Carlos auf die erstaunten Blicke der Anwesenden hin. »Aber ich kenne deren Pläne genausowenig wie die Ihren.«

Er deutete auf den Korb. »Bitte bedienen Sie sich.«

»Jetzt sieht es ja doch ein bißchen nach ›Queen Mary‹ aus«, lächelte Petersen.

»Na, hören Sie – das ist doch wohl das mindeste!« sagte Carlos. »Allerdings verdanken wir diesen Luxus nicht meiner Admiralität – die ist genauso knauserig wie alle anderen auch: Ein Teil der Vorräte stammt aus den Weinkellern meines Vaters, und die übrigen Schätze sind Geschenke von ausländischen Freunden.«

George goß den von Granholms Orangensaft ein und genehmigte sich einen dreifachen Grappa.

Es klopfte.

»Herein«, sagte der Kapitän.

Die Frau war etwa Mitte Zwanzig, mittelgroß und schlank. Ihr ungeschminktes Gesicht war blaß und sehr ernst, ihr langes nachtschwarzes Haar fiel in einem weichen Schwung über ihre linke Stirnhälfte, und die Narbe an ihrem linken Backenknochen unterstrich ihre klassische Schönheit eher als sie zu beeinträchtigen: Die Zeit würde ihrem Aussehen nichts anhaben können. Auch der Mann, der hinter ihr in den Raum trat, würde sich im Lauf der Jahre wohl kaum verändern – aber in seinem Fall konnte man wirklich nicht von Schönheit sprechen: Er war groß und stämmig, mit blonden Haaren und einem geradezu unglaublich häßlichen Gesicht. Nach dem Zustand seiner Ohren und Wangen, des Kinns, der Nase und der Zähne zu urteilen, mußte er in der Vergangenheit häufig Kontakt mit jeweils schweren oder rasiermesserscharfen Gegenständen gehabt haben. Trotzdem waren seine Züge nicht abstoßend, sondern sogar fast anziehend, was wohl hauptsächlich auf sein offenes, herzliches Lächeln zurückzuführen war: Wie Carlos schien auch er eine ausgesprochene Frohnatur zu sein.
»Darf ich vorstellen«, sagte der Kapitän. »Lorraine und Giacomo.« Dann machte er die beiden mit Petersen und seinen Begleitern bekannt. Lorraines Stimme war tief und leise – ähnlich wie Sarinas –, wohingegen Giacomo, wie zu erwarten, ein dröhnendes Organ hatte und einen

Händedruck, bei dem Sarina sicherlich in die Knie gegangen wäre – hätte er ihre Hand nicht vorsichtig zwischen Daumen und Zeigefinger genommen und behutsam einen Kuß darauf gedrückt. Diese Geste hätte hier eigentlich lächerlich wirken müssen, aber keiner der Umstehenden empfand es so – und auch Sarina schien sie als völlig normal zu betrachten, denn sie lächelte den grobschlächtigen Mann freundlich an. Es war das erste Mal, daß Petersen sie wirklich lächeln sah – und es überraschte ihn nicht im geringsten, daß ihre Zähne einen Zahnarzt entweder entzückt oder zur Verzweiflung getrieben hätten: je nachdem, ob er von ästhetischen oder finanziellen Erwägungen ausging.

Carlos deutete auf den Weidenkorb. »Bitte nehmen Sie sich, was Sie möchten.«

Giacomo war offenbar ein Mann von schnellen Entschlüssen: Er griff sofort zu. Aber auch diesmal erwies er sich als Kavalier: Bevor er sich einen doppelten Scotch eingoß und mit Wasser auffüllte, gab er Lorraine ein Glas Mineralwasser – ein Beweis dafür, daß die beiden sich schon länger kannten und daß die junge Frau offenbar die Abneigung der von Granholms gegen Alkohol teilte. Dann setzte er sich hin und strahlte in die Runde. »Auf gute Gesundheit für uns alle!« Er hob sein randvolles Glas. »Und Tod und Verdammnis über unsere Feinde«, fügte er heiter hinzu. Dann nahm er einen kräftigen Schluck und sagte: »Sie haben uns zu einer Konferenz herkommen lassen, Kapitän Carlos?«

»Zu einer Konferenz? Wie kommen Sie denn darauf, Giacomo?« Man brauchte kein besonders feines Ohr, um zu merken, daß die beiden sich nicht erst heute kennengelernt hatten, dachte Petersen.

»Meine Aufgabe ist es, Sie an Ihr Ziel zu bringen, und Ihre Aufgabe kenne ich nicht – worüber sollten wir also konferieren? Ich bin lediglich der Ansicht, daß die Passagiere auf meinem Schiff einander wenigstens vorgestellt werden sollten, um etwaigen vorschnellen Handlungen vorzubeugen, zu denen Sie sich vielleicht hinreißen ließen, wenn Sie bei Nacht und Finsternis plötzlich einer unbekannten Person gegenüberstünden. Und dann sind da noch drei Dinge, über die ich kurz mit Ihnen sprechen möchte. Zunächst geht es um die Unterbringung. Lorraine und Giacomo haben die zwei Einzelkabinen. Das ist wie bei öffentlichen Veranstaltungen: frühes Erscheinen sichert die besten Plätze – wobei ich sagen muß, daß die beiden Haupttreffer in diesem Fall nicht größer sind als Telefonzellen. Abgesehen von diesen Luxusunterkünften habe ich noch zwei weitere Kabinen zu vergeben: eine für zwei und eine für drei Personen.« Er wandte sich an Michael: »Sie und Sarina sind Geschwister, nicht wahr?«

»Wer hat Ihnen das gesagt?« fuhr der junge

Mann auf. Seine Nerven waren offenbar nicht in bestem Zustand. Carlos beantwortete die Aggression mit einem Lächeln: »Man sieht doch auf den ersten Blick, daß Sie Zwillinge sind!«

»Ich habe einen Vorschlag«, mischte Giacomo sich ein. »Wie wär's, wenn die junge Dame meine Kabine benutzen würde und Michael dafür seine mit mir teilte?«

»Das ist sehr freundlich von Ihnen«, sagte Sarina lächelnd.

»Der zweite Punkt betrifft die Verpflegung«, fuhr Carlos fort. »Sie könnten an Bord essen – aber ich würde es Ihnen nicht empfehlen: Alles, was aus der Kombüse kommt, schmeckt nach Schmieröl, denn unser Koch ist eigentlich der Maschinist dieses Kahns. Es gibt ganz in der Nähe ein einigermaßen passables Lokal, wo ich immer hingehe, wenn wir hier sind. Wenn Sie wollen, werde ich Sie begleiten.

Punkt drei: Es steht Ihnen frei, an Land zu gehen – obwohl ich mir nicht vorstellen kann, daß das an einem solchen Abend Spaß machen könnte –, aber bitte seien Sie spätestens in einer Stunde wieder hier, damit wir dann zum Essen gehen können. Es ist möglich, daß Sie auf eine Polizeipatrouille stoßen, aber deren Diensteifer sinkt mit der Temperatur – und wenn Sie sagen, daß Sie von der ›Columbus‹ kommen, kann es Ihnen höchstens passieren, daß man Sie hierher eskortiert, um Ihre Angabe zu überprüfen.«

»Ich glaube, ich werde mich sowohl dem Wetter als auch der Polizeipatrouille stellen«, sagte Petersen und stand auf. »Vielleicht ist es das Alter, vielleicht habe ich aber auch nur zu lange in dem verdammten Lastwagen gesessen – jedenfalls bin ich total eingerostet.«
Carlos schaute auf seine Uhr: »Aber vergessen Sie nicht: eine Stunde! Wir sollten so gegen zehn vom Essen zurück sein. Um eins dampfen wir los.«
»So spät erst?« fragte Michael erstaunt. »Das sind ja noch Stunden!«
»Wir fahren um eins.«
»Aber der Wind wird immer stärker!«
»Neigen Sie vielleicht zu Seekrankheit?« Die Frage klang eher sarkastisch als besorgt.
»Nein ... ja ... ich weiß nicht. Ich sehe nur nicht ein ... ich verstehe nicht ...«
»Michael«, fiel Petersen ihm ins Wort. »Es ist vollkommen uninteressant, was Sie nicht einsehen oder verstehen: Leutnant Tremino ist der Kapitän – und er fällt die Entscheidungen auf diesem Schiff! Ausschließlich!«
»Es ist ganz einfach zu erklären«, sagte Carlos. »Die Leute, die Hafenanlagen wie die von Ploče bewachen, sind keine Frontsoldaten: Sie sind entweder überaltert oder noch halbe Kinder. Auf alle Fälle sind sie nervös und schnell mit dem Finger am Abzug – und die Tatsache, daß sie über Funk von meiner Ankunft unterrichtet

werden, ändert daran leider überhaupt nichts: Die Erfahrung, ein paarmal nur mit knapper Not davongekommen zu sein, hat mich gelehrt, daß es am besten ist, wenn ich bei Sonnenaufgang einlaufe – weil dann nämlich auch die kurzsichtigsten Augen klar erkennen können, daß Kapitän Tremino die größte italienische Flagge in der ganzen Adria gehißt hat.«

Der Wind war schon jetzt erheblich stärker als bei ihrer Ankunft und beißend kalt – aber Petersen und seine beiden Begleiter waren ihm nicht lange ausgesetzt, denn Georges Instinkt für eine Zuflucht war untrüglich. Die Kneipe, in der sie landeten, war zwar schmuddelig, aber warm.
»Hoffentlich war der Spaziergang ausreichend für deine eingerosteten Beine«, sagte George.
»Mit meinen Beinen ist alles in Ordnung: Ich wollte mit euch reden.«
»Das hättest du doch auch in unserer Kabine tun können!«
»Wir sind uns doch aber darüber einig, daß Oberst Lunz einen langen Arm hat, oder?«
»Meinst du etwa, es ist eine Wanze drin?«
»Fändest du das so abwegig?«
»Nein – eigentlich nicht. Also – um was geht's?«
»Um Carlos«, erklärte Petersen. »Ich kannte seinen Vater! Er war seinerzeit Marinekapitän im Ruhestand – aber mit dem Ruhestand dürfte es

nun wohl vorbei sein. Wahrscheinlich kommandiert er jetzt einen Kreuzer oder etwas Ähnliches. Er wurde zur gleichen Zeit in Italien auf die Reserveliste gesetzt wie mein Vater in Jugoslawien – der war damals Oberst in der Armee. Beide Männer liebten die See, und so lag es nahe, daß sie Läden für Schiffszubehör aufmachten, die hervorragend liefen. So kreuzten sich fast unvermeidlich ihre Wege, und sie wurden Freunde. Sie trafen sich regelmäßig – meistens in Triest –, und ich war mehrmals dabei. Es gibt auch Fotografien davon – und es sollte mich sehr wundern, wenn Carlos die nicht kennt.«

»Dann können wir nur hoffen, daß du dich seit damals entscheidend verändert hast.«

»Was hältst du von Giacomo?« wechselte Petersen das Thema.

»Ein ausgesprochen sympathischer Bursche! Aber aus irgendeinem Grund hat man ihm offenbar in seinem Leben ziemlich übel mitgespielt.«

»Ich frage mich nur, wie das möglich war: Der Mann sieht doch aus wie eine italienische Ein-Mann-Armee.«

»Eine sehr treffende Beschreibung – bis auf eins: Er ist kein Italiener.«

»Was denn dann?«

»Montenegriner.«

»Montenegriner?« Petersen sah ihn ungläubig an.

»Du hast doch sicher schon von Montenegro gehört, mein lieber Junge«, sagte George freundlich. »Es ist eine Provinz unseres geliebten Heimatlandes.«
»Schon gut, schon gut – man wird sich doch wohl mal wundern dürfen! Ich hielt sein Italienisch für absolut perfekt.«
»Es ist sehr gut – aber ich habe den Akzent natürlich sofort bemerkt«, lächelte George bescheiden.
Petersen zweifelte keinen Augenblick an der Aussage seines ehemaligen Lehrers: Georges Ohr für Sprachen, Dialekte, Akzente und Nuancen war in Philologenkreisen weit über den Balkan hinaus schon fast Legende.

Das Lokal, in das Carlos sie führte und in dem man ihn mit geradezu auffallendem Respekt behandelte, verdiente eine bessere Klassifizierung als »passabel«. Man saß gemütlich, die Bedienung funktionierte reibungslos, und das Essen war ausgezeichnet. Lorraine sprach – wenn überhaupt – ausschließlich mit Carlos, der neben ihr saß. Wie es schien, war auch sie in Pescara geboren. Michael und Sarina saßen mit gesenkten Köpfen da wie zwei bockige Kinder, Alex schwieg aus Gewohnheit und Petersen und der Kapitän wechselten ab und zu ein paar belanglose Worte. So war es ziemlich still am Tisch – bis George sich mit einem genießerischen

Seufzer zurücklehnte, sein Besteck weglegte und Giacomo zuprostete. Dann, als hätten sich auf eine wunderbare Weise plötzlich irgendwelche Schleusen geöffnet, redeten die beiden Männer so lautstark und lebhaft aufeinander ein, daß man das Gefühl hatte, eine ganze Reisegesellschaft schnattere durcheinander. Selbst wenn der eine oder andere am Tisch das dringende Bedürfnis gehabt hätte, etwas zu sagen – jetzt hätte er keine Chance mehr gehabt.

Auf dem Rückweg zum Schiff sahen sie sich nicht nur dem schneidenden Wind ausgesetzt, sondern auch noch einem leichten Schneetreiben. Carlos, der kaum etwas getrunken hatte, schien nichtsdestoweniger ziemlich unsicher auf den Beinen zu sein, und nachdem er das zweite Mal gestolpert war, gingen er und Lorraine plötzlich Arm in Arm dahin – wer jedoch wessen Arm genommen hatte, wußte niemand, da keiner der anderen darauf geachtet hatte. Als sie an der Gangway ankamen, sahen sie, wie die »Columbus« ziemlich heftig auf und nieder schaukelte: Wenn das Wasser schon hier im Hafen so bewegt war, konnte man sich lebhaft vorstellen, wie es auf offener See aussehen würde.

Zu Petersens Überraschung und nur schlecht verhehltem Zorn sahen sie sich in der Kapitänskabine plötzlich fünf Männern gegenüber. Ihr

Anführer, der als Alessandro vorgestellt und von Carlos merkwürdigerweise mit offensichtlichem Respekt behandelt wurde, war ein hochgewachsener, hagerer Mann mit grauen Haaren, einer Hakennase, blutleeren Lippen und einer kaum erkennbaren Andeutung von Augenbrauen. Drei seiner vier Männer – alle etwa halb so alt wie er – hießen Franco, Cola und Sepp, was wohl Abkürzungen von Francesco, Nicholas und Giuseppe waren. Der vierte hieß Guido. Alle trugen unauffällige Zivilkleidung, die jedoch die kalten, harten Gesichter nicht verharmlosen konnte.
Petersen drehte sich um und verließ die Kabine – dicht gefolgt von seinen beiden Freunden. Er wollte gerade etwas sagen, als Carlos hinter ihnen herkam.
»Sind Sie verärgert, Major Petersen?« Diesmal gebrauchte er nicht die vertrauliche Anrede »Peter« – und wer genau hinschaute, sah einen Anflug von Furcht in seinen Augen.
»Sie werden ja wohl keine Begeisterung von mir erwarten!« antwortete Petersen frostig. »Ich bin außerordentlich befremdet! Man hat mir in Rom den Eindruck vermittelt, daß wir allein reisen würden – und Sie konfrontieren uns zunächst mit zwei weiteren Passagieren und jetzt noch mit fünf zusätzlichen. Oder werden die Männer etwa nicht mit nach Ploče fahren?«
»Doch.«
»Wo wollen Sie die eigentlich unterbringen?«

»Wir haben noch eine Fünferkabine vorne im Bug.«
»Also reisen wir nun glücklich mit sieben Leuten, die uns völlig unbekannt sind! Was mich daran besonders stört, ist die Tatsache, daß Sie diese Kerle offenbar kennen – oder zumindest Alessandro.« Carlos wollte protestieren, aber Petersen schnitt ihm mit einer Handbewegung das Wort ab. »Sie wollen doch nicht etwa versuchen, mich vom Gegenteil zu überzeugen? Sie haben Alessandro angesehen wie das berühmte Kaninchen die nicht minder berühmte Schlange.« Petersen sah den Kapitän durchdringend an und fuhr fort: »Ich habe Sie offensichtlich falsch eingeschätzt; ich hätte nie gedacht, daß Sie Umgang mit Typen pflegen, die verdammt nach kaltblütigen Killern aussehen.«
Carlos zuckte zusammen wie unter einem Schlag, faßte sich jedoch gleich wieder und sagte kühl: »Ich habe meine Befehle.« Dann versuchte er einzulenken: »Kommen Sie noch auf einen Schluck zurück in meine Kabine? Wir haben noch drei Stunden bis zur Abfahrt.«
»Schönen Dank für die Einladung«, entgegnete Petersen. »Aber wir werden lieber noch einen kleinen Rundgang auf dem Oberdeck machen und uns dann zurückziehen. Gute Nacht.«
»Sie wollen auf das Oberdeck? Bei diesem Wetter?«
»Wir sind an solches Wetter gewöhnt.«

»Wie Sie meinen.« Die »Columbus« schwankte plötzlich heftig, und er streckte den gesunden Arm aus, um sich an der Wand abzustützen. »Ich fürchte, es wird eine unruhige Fahrt werden: Torpedoboote haben sicher ihre guten Seiten – irgendwann werde ich vielleicht eine davon entdecken –, aber bei schwerer See beutelt es sie leider ziemlich. Ich hoffe, Sie stehen mit Neptun auf ebenso vertrautem Fuß wie mit dem Wetter.«
»Er ist unser Busenfreund«, sagte George trokken.
»Aber abgesehen von der Schaukelei kann ich Ihnen eine ruhige Reise versprechen. Gute Nacht.«

Als sie hinter den Aufbauten angekommen waren, sagte Petersen: »Na?«
»Wird möglicherweise eine interessante Nacht«, meinte George trocken. »Immerhin haben wir es unverhofft mit sieben unbekannten Größen zu tun.« Die Spitze seiner unvermeidlichen Zigarre glühte in der Dunkelheit auf. »Wäre es sehr naiv von mir, zu fragen, ob wohl Oberst Lunz mit der Passagierliste vertraut ist?«
»Das wäre es allerdings!«
»Wir müssen also auf alles gefaßt sein.«
»Richtig.«
»Und was wollen wir tun?«
»Wir werden sehen. Was hältst du übrigens von Lorraine?«

»Eine bezaubernde Frau.«
»Damit hast du zwar recht – aber das wollte ich eigentlich nicht wissen. Beim Abendessen war die Rede davon, daß sie ebenso wie Carlos aus Pescara stamme. Stimmt das, George?«
»Woher soll ich das wissen? Sie kann genausogut aus Timbuktu sein.«
»Sei nicht albern, George! Du weißt genau, worauf ich hinaus will!«
»Also gut. Sie stammt nicht aus Pescara!«
»Aber sie ist Italienerin?«
»Nicht einmal das.«
»Vielleicht auch aus Jugoslawien?«
»Nein – aus England!«
»Was? England?«
»Der Akzent, der bei der BBC ›Südliches Standardenglisch‹ heißt, ist unverkennbar.« George hüstelte bescheiden. Manchmal konnte einen seine Blasiertheit zur Weißglut treiben. »Aber natürlich nur für ein geübtes Ohr!«

3

Alex hatte vorausgesagt, es würde »eisig« werden – und um drei Uhr morgens hätte ihm da bestimmt keiner der Passagiere der »Columbus« widersprochen. Auf einem normal beheizten Boot hätte man die Außentemperatur ja nicht gespürt – aber wie alles andere an Bord funktionierte auch die Heizung nur mit Vorbehalt.
In einem anderen Punkt hatte Alex sich jedoch geirrt: Er hatte Ost-Nordost-Wind prophezeit – aber er kam aus Nordost! Einem Laien oder den Passagieren eines stabilen Schiffes mochte diese Abweichung von dreiundzwanzig Grad unerheblich erscheinen, aber für die Leute an Bord der »Columbus« – vor allem für diejenigen unter ihnen, die zu Seekrankheit neigten – erwies sie sich als äußerst unangenehm, denn das Boot drehte sich zeitweise regelrecht im Kreis, da der Wind, der sich inzwischen geradezu zu einem Schneesturm ausgewachsen hatte, das Boot von zwei Seiten packte.
Carlos hatte ihnen zwar eine ereignislose Reise versprochen – aber Petersen und Alex betrach-

teten es als Risiko, sich darauf zu verlassen: Sie standen in einer Nische hinter der Leiter, die in den Maschinenraum hinunterführte. Alex hatte eine Maschinenpistole in der Hand, während Petersen sich mit einer Hand festhielt, um sich auf dem schwankenden Boden auf den Beinen zu halten, und die andere in seine Manteltasche gesteckt hatte.

Die Tür ihrer kleinen Kabine, die direkt gegenüber auf der Steuerbordseite des schlecht beleuchteten Flures lag, war geschlossen – und dahinter harrte George der Dinge, die da kommen mochten. Petersen sah auf das Leuchtzifferblatt seiner Armbanduhr: Sie standen jetzt schon neunzig Minuten hier, ohne daß sich etwas getan hätte, aber er war sicher, daß sie nicht umsonst warten würden. Und er hatte recht. Am vorderen Ende des Ganges tauchten plötzlich zwei Männer auf! Sie hatten ihre Stiefel ausgezogen, um möglichst wenig Lärm zu machen, aber das war eine völlig überflüssige Maßnahme, denn das Schiff kämpfte sich mit einem solchen Radau durch die tobende See, daß sie ohne weiteres mit Nagelstiefeln den Gang hätten entlangmarschieren können, ohne daß sie jemand gehört hätte. Beide hatten eine Pistole im Gürtel stecken und Gegenstände in der Hand, die stark an Handgranaten erinnerten. Es waren Franco und Cola. Sie blieben vor der Tür stehen, hinter der George wartete, und sahen einander an.

Petersen trat aus der Nische und sagte laut und deutlich: »Keine Bewegung!«

Franco gehorchte – aber Cola hatte offenbar den Ehrgeiz, den Helden zu spielen: Er ließ die Handgranate fallen und griff nach seiner Pistole – alles, wie er glaubte, in unglaublicher Geschwindigkeit. Nach Alex' Maßstäben bewegte er sich jedoch im Zeitlupentempo, denn Cola hatte die Pistole gerade erst aus dem Gürtel gezogen, als Alex auch schon schoß. Mit einem Aufschrei ließ der Getroffene die Waffe fallen, umklammerte mit der linken Hand seine zerschmetterte rechte Schulter und rutschte langsam mit dem Rücken zum Schott an der Wand herunter, bis er auf dem Boden saß.

»Manche lernen es einfach nie«, konstatierte Alex ungehalten.

»Vielleicht hatte er bisher noch keine Gelegenheit dazu«, gab Petersen zu bedenken.

Er nahm Franco die Waffen ab und hatte gerade die von Cola aufgehoben, als George in der Tür ihrer Kabine erschien. Er hielt zwar auch eine Waffe in der Hand, hatte jedoch offensichtlich bereits damit gerechnet, sie nicht benutzen zu müssen: Die Mündung seiner Halbautomatik, die er locker am Griff hielt, zeigte nach unten. Er musterte die beiden glücklosen Gefolgsmänner Alessandros und schüttelte den Kopf.

»Du machst die Nachhut, George«, sagte Petersen.

»Wollt ihr die beiden Figuren in den Schoß ihrer Lieben zurückbringen?«
Petersen nickte: »Ein reiner Akt christlicher Nächstenliebe: Man darf hilflose Kinder doch nicht einfach unbeaufsichtigt hier draußen herumlaufen lassen.«
Franco stützte seinen verletzten Kameraden und ging mit ihm langsam vor Petersen und Alex den Gang hinauf. Sie hatten erst ein paar Schritte gemacht, als sich auf der Backbordseite eine Tür öffnete, und Giacomo mit einer Beretta in der Hand heraustrat. George sagte: »Stecken Sie das Ding da ruhig weg – ein Schuß hat völlig ausgereicht.«
»Den habe ich gehört – und da wollte ich schauen, was los ist.«
»Sie sind wohl nicht von der schnellen Truppe, was?«
»Ich mußte mich ja erst anziehen«, verteidigte Giacomo sich, was allerdings nicht sehr einleuchtend war, denn er trug lediglich eine Khakihose. Sein Oberkörper war dunkelbraun und von einer Reihe eindrucksvoller Narben gekennzeichnet. »Aber wie ich sehe, sind Sie vollständig angezogen, woraus ich schließe, daß Sie mit einem Zwischenfall gerechnet hatten.« Er sah den vier Männern nach, die sich langsam entfernten. »Was hat es denn gegeben?«
»Alex hat Cola angeschossen.«
»War das alles?« fragte Giacomo enttäuscht.

»Dann bin ich ja für nichts und wieder nichts aufgestanden!«
»Cola dürfte die Sache etwas anders sehen«, meinte George trocken.
»Selber schuld!« sagte Giacomo mit einem Achselzucken.
»Sie gehören also nicht zu denen?«
»Natürlich nicht!« verwahrte sich der blonde Hüne mit Nachdruck gegen diese Idee. »Wie konnten Sie das denn auch nur annehmen?«
»Na ja – schließlich kenne ich Sie genausowenig wie die anderen. Aber wenn ich ehrlich bin: geglaubt habe ich es eigentlich nicht.«
»Sehr liebenswürdig!« bedankte sich Giacomo mit einem sarkastischen Lächeln. »Wie geht es denn jetzt weiter?«
»Wenn wir hier stehen bleiben, werden wir das nie erfahren.«
Es dauerte nur Sekunden, bis sie die anderen eingeholt hatten, denn der inzwischen jämmerlich stöhnende Cola konnte kaum noch einen Fuß vor den anderen setzen. Die Tür der Bugkabine öffnete sich, und Sepp erschien. Petersen sah ihn an und deutete auf die Waffe in der Hand des Mannes: »Lassen Sie das Ding da lieber fallen – sonst geht es Ihnen am Ende noch wie Ihrem Freund hier.«
Ein Blick auf Cola genügte, um Sepp zu überzeugen: Seine Lee Enfield 303 schlug scheppernd auf dem Boden auf.

»Schließen Sie die Tür!«
Sepp gehorchte.
»Wer hat hier geschossen?« fragte Carlos, den der Schuß ebenfalls auf den Plan gerufen hatte. Er hatte eine Pistole in der Hand – und ausnahmsweise lächelte er nicht. »Was ist los?«
»Geschossen hat Alex«, gab Petersen Auskunft. »Und was los ist, wissen wir selbst noch nicht. Aber vielleicht können Sie uns bei der Lösung des Rätsels behilflich sein.«
Carlos sah ihn verständnislos an: »Wieso ich?«
»Weil Sie Alessandro kennen.«
»Nur sehr flüchtig. Aber vielleicht sagen Sie mir erst mal, was vorgefallen ist.«
»Franco und Cola kamen zu unserer Kabine – und es machte nicht den Eindruck, als wollten sie uns nur eine gute Nacht wünschen. Aber was sie auch vorhatten – Alessandro wird sehr ärgerlich sein, daß sie es verpatzt haben.«
»Wenn Sie sich von mir tatsächlich eine Erklärung für diesen nächtlichen Besuch erhofft haben, muß ich Sie enttäuschen: Ich habe nicht die geringste Ahnung, warum Alessandro Ihnen zwei seiner Leute auf den Hals geschickt hat.«
»Das glaube ich Ihnen zwar nicht – aber wenn Sie nicht dazu bereit sind, uns zu helfen, werden wir die Sache eben allein klären müssen.« Er wandte sich der geschlossenen Tür zu und rief: »Alessandro!«

Keine Reaktion. Nach ein paar Sekunden sagte Petersen laut: »Alessandro! Ich habe drei von Ihren Männern hier draußen. Einer ist ziemlich schwer verletzt. Kommen Sie raus und sagen Sie uns, was Franco und Cola bei uns wollten!« Als Alessandro keine Anstalten machte, der Aufforderung Folge zu leisten, sagte Petersen: »Sie lassen mir keine Wahl!«
Carlos wollte etwas sagen, aber Petersen gab ihm keine Gelegenheit dazu: »George, Alex – schafft Franco und Sepp in die Kabine. Aber haltet euch aus der Feuerlinie!«
Er hatte noch nicht ganz zu Ende gesprochen, als die Tür auch schon hinter Franco und Sepp ins Schloß krachte: Sie hatten keine Hilfe gebraucht! Eine der äußeren Verriegelungen, die an allen Türen angebracht waren, um im Notfall das Eindringen von Wasser in die Quartiere zu verhindern, rastete ein. Petersen sah auf den birnenförmigen Gegenstand hinunter, den er in der Hand hielt.
»Was ist denn das?« fragte Carlos.
»Das sehen Sie doch: eine Handgranate.« Er warf George einen Blick zu, worauf dieser sich neben der Kabinentür postierte, packte mit einer Hand die Türklinke, machte mit der anderen die Granate scharf und sah wieder George an, der augenblicklich die Verriegelung löste. Petersen öffnete die Tür gerade so weit wie nötig, warf die Granate in die Kabine und zog die Tür sofort

wieder zu. George schloß die Verriegelung. Alles lief ab, als sei es hundertmal geprobt.
»Mein Gott!« Carlos' Gesicht war schneeweiß geworden. »In diesem winzigen Raum ... « Er hielt inne und sah Petersen verwirrt an: »Warum knallt es nicht? Was ist mit der Explosion?«
»Gasgranaten knallen nicht – sie zischen nur. George?«
»Fünf Sekunden – dann sind sie außer Gefecht. Wirkt schnell, das Zeug.«
Carlos schaute von einem zum anderen: »Also Giftgas ...«
»Es handelt sich nicht um Giftgas«, erklärte Petersen geduldig. »Man wird davon nur betäubt.«
Carlos atmete erleichtert auf. »Aber bevor wir reingehen, möchte ich noch etwas anderes erledigen. George?« Er flüsterte seinem Freund etwas ins Ohr, worauf dieser sich mit einem spitzbübischen Grinsen entfernte.
Petersen wandte sich an Carlos: »Was ist denn, Doktor? Wollen Sie Ihren Freund Cola sterben lassen?«
»Er ist nicht mein Freund – und sterben wird er auch nicht so schnell –, aber verarzten muß ich ihn wohl doch.« Er drehte sich zu dem alten Pietro um, der gerade auf der Bildfläche erschien: »Hol mir den Arzneikasten und zwei von deinen Jungs.« Und zu Petersen: »Ich werde ihm ein Beruhigungsmittel verpassen – eins von der stärkeren Sorte – ein Gerinnungsmittel spritzen und

ihn später verbinden. Mehr kann ich hier an Bord und bei dem Seegang nicht für ihn tun.« Er schaute den Gang hinunter und sagte trocken: »Na, dann hätten wir ja bald alle beieinander.«

Michael von Granholm versuchte, indigniert auszusehen, wirkte aber eher ängstlich. Der ihm folgende George strahlte.

»Mein lieber Major – vor dem Eifer unserer Jugend können wir nur den Hut ziehen! Wir befinden uns hier auf diesem Luxusdampfer, der ständig Gefahr läuft, einen Purzelbaum zu schlagen – aber hält das unseren jungen Freund etwa davon ab, seine Fähigkeiten zu beweisen? Nicht im mindesten: Ich fand ihn über sein Funkgerät gebeugt, mit den Kopfhörern auf den Ohren ...«

»Ist das wahr, von Granholm?« fragte Petersen mit eisiger Stimme.

»Nein!« fuhr der junge Mann zornig auf. »Ich meine ...«

»Sie lügen! Wenn George sagt, daß er Sie so vorgefunden hat, dann stimmt das auch! Was für eine Nachricht haben Sie durchgegeben?«

»Überhaupt keine! Ich ...«

»George?«

»Nun – als ich in die Kabine hineinplatzte, sendete er tatsächlich nicht.«

»Dazu war die Zeit wohl auch zu kurz«, sagte Giacomo. »Schließlich ist es noch gar nicht lange her, daß ich die Kabine verlassen habe.« Er sah den jungen Mann mit unverhohlener Geringschätzung an. »Ich frage mich bloß, was in seinem Kopf vorgegangen ist. Wie konnte er sich darauf verlassen, daß ich nicht sofort zurückkommen würde? Warum hat er nicht die Tür zugesperrt, um vor Störungen sicher zu sein? Wirklich, George – ich kann Ihrem Lob der heutigen Jugend nicht zustimmen: Mir erscheint sie eher beschränkt!«

»Was für eine Nachricht beabsichtigten Sie zu senden?« fragte Petersen.

»Ich wollte überhaupt keine ...«

»Wem wollten Sie eine Nachricht schicken?«

»Aber ich wollte doch niemandem ...«

»Ach, halten Sie den Mund! George – konfisziere seine Ausrüstung! Und für alle Fälle die seiner Schwester gleich auch noch!«

»Das können Sie doch nicht tun!« protestierte Michael. »Die Funkausrüstung ist alles, was wir haben!«

Petersen sah ihn vernichtend an. »Ich bin Ihr vorgesetzter Offizier, Sie junger Schwachkopf! Ich kann Ihnen nicht nur Ihre Ausrüstung wegnehmen – ich kann Sie sogar einsperren. In Handschellen, wenn es sein muß! Wegen Verdachts auf geplante Meuterei, zum Beispiel.« Er schüttelte den Kopf. »Ich kann das nicht tun, sagt er! Ist so was noch möglich! Und noch etwas, von Granholm: Kann es sein, daß Sie so ahnungslos sind, nicht zu wissen, daß die Benutzung eines Funkgeräts von Unbefugten auf See zu Kriegszeiten ein schweres Vergehen ist?« Er wandte sich an Carlos: »Habe ich nicht recht, Kapitän Tremino?«

Carlos machte bei diesem Spiel sofort mit: »Ich fürchte ja, Major.«

»Und ist dieser junge Bursche dazu befugt?«

»Nein, Major.«

»Da haben Sie es, von Granholm! Der Kapitän hätte ebenfalls das Recht, Sie einzusperren. George – bring die Funkgeräte in unsere Kabine. Nein – warte einen Augenblick. Das hier ist in erster Linie ein Vergehen gegen eine Marinevorschrift.« Er sah Carlos an. »Wäre es möglich ...«

»Ich habe einen Panzerschrank in meiner Kabine«, sagte Carlos. »Und ich habe den einzigen Schlüssel dazu.«

»Ausgezeichnet!« George entfernte sich – gefolgt von dem völlig gebrochenen Michael. Auf ihrem Weg begegneten sie dem alten Pietro, der einen schwarzen Metallkasten anschleppte und von zweien seiner Leute begleitet wurde.

Carlos öffnete den Arzneikasten, der für alle Eventualitäten ausgestattet zu sein schien, und verabreichte dem zusammengebrochenen Cola zwei Injektionen. Der Deckel des Kastens fiel zu – und auch Colas Augen schlossen sich ...

»Dann wollen wir doch mal nachsehen, was da

drin los ist«, meinte Petersen aufgeräumt. Alex öffnete die Verriegelung und richtete seine Maschinenpistole auf die Tür. Giacomo tat es ihm mit seiner Pistole gleich und dokumentierte damit, daß er – wenn überhaupt auf einer – nicht auf der Seite von Alessandro und seinen Kumpanen stand. Petersen stieß die Tür auf.

Die Männer waren schon nicht mehr bewußtlos, sondern nur noch benebelt und würden bald wieder bei vollem Bewußtsein sein. Sie husteten nicht, rangen nicht nach Atem, und ihre Augen tränten nicht. Sie waren lediglich apathisch. Alex legte seine Maschinenpistole weg, sammelte die verschiedenen Waffen ein, die herumlagen, durchsuchte die vier Männer gründlich, wobei er zwei weitere Handfeuerwaffen und vier ziemlich scharf aussehende Messer zutage förderte, und warf alles in den Gang hinaus.

Carlos hatte sein Lächeln wiedergefunden: »Ich habe mich vorhin wohl nicht gerade als Geistesriese erwiesen, was? Wenn Sie die Männer hätten umbringen wollen, hätten Sie Cola ja wohl auch in die Kabine geschafft, nicht wahr?« Er sog prüfend die Luft ein: »Lachgas, würde ich sagen.«

»Nicht schlecht für einen Arzt«, sagte Petersen, »und ich dachte, das Zeug würde ausschließlich von Zahnärzten angewendet. Das hier ist eine Weiterentwicklung davon: Bei diesem Gas wacht man nach einer gewissen Zeit ganz normal auf –

außer wenn man unmittelbar vor der Verabreichung ein traumatisches Erlebnis hatte oder unter großer psychischer Anspannung steht. In diesem speziellen Fall wacht man sofort auf, nachdem die Wirkung des Gases verflogen ist.«

»Außergewöhnliche Kenntnisse für einen Soldaten«, sagte Carlos.

»Ich bin eben ein außergewöhnlicher Soldat«, erwiderte Petersen trocken. »Alex – nimm deine Waffe und paß auf die Strolche auf, während ich mich umsehe.«

»Sie wollen sich umsehen?« fragte Carlos – verwundert, was Petersen wohl zu finden erwartete. Die kleine Kabine war mit fünf Kojen ausgestattet, und das war alles. Es gab noch nicht einmal einen Kleiderschrank. »Hier gibt es doch nichts zu sehen.«

»Warten wir's ab.« Petersen riß die Decken von den Kojen und warf sie auf den Boden. Dann nahm er einen der fünf Rucksäcke und schüttete den Inhalt auf eines der Betten. Zwischen einigen Kleidungsstücken und Waschzeug lag da jede Menge Munition – zum Teil lose, zum Teil in Zeitungspapier eingewickelt. Der Inhalt des zweiten Rucksackes war ähnlich. Der dritte war mit einem Vorhängeschloß versehen. Petersen wandte sich an Alessandro, der sich sichtlich beherrschen mußte, um ihm nicht an die Kehle zu springen.

»Das war aber nicht besonders klug, mein Bester.

Wenn man etwas verstecken will, dann macht man das doch unauffällig! Den Schlüssel!«
Alessandro, der wie seine Kumpane auf dem Boden saß, spuckte Petersen vor die Füße und schwieg.
»Ist das vielleicht eine Art?« tadelte Petersen kopfschüttelnd. »Alex?«
»Soll ich ihn durchsuchen?«
»Spar dir die Mühe. Dein Messer!«
Es war scharf wie eine Rasierklinge und durchschnitt das dicke Segeltuch, aus dem der Rucksack war, wie Papier. Petersen warf einen Blick auf den Inhalt.
»Sieh da, sieh da!« Er förderte einen kleinen Butangasbrenner und einen in der Größe passenden Kessel zutage. Der Kessel hatte oben keine Öffnung, und die Tülle war zugeschraubt. Petersen schüttelte ihn leicht. Das Gluckern von Wasser wurde hörbar. Petersen nickte zufrieden und kippte den restlichen Inhalt des Rucksacks auf eine andere Koje, fand jedoch nichts mehr, was sein Interesse erregt hätte. Daraufhin wandte er seine Aufmerksamkeit dem vierten Rucksack zu. Zwei weitere Gasgranaten und eine Walther-Pistole mit aufgeschraubtem Schalldämpfer kamen zum Vorschein.
»So eine habe ich mir schon immer gewünscht«, sagte Petersen, steckte sie in die Tasche und nahm sich den fünften Rucksack vor. Dieser enthielt nur einen Metallkasten von der Größe einer

Schuhschachtel. Petersen wandte sich an den ihm am nächsten sitzenden Gefangenen: Es war Franco.

»Wissen Sie, was da drin ist?«

Franco antwortete nicht.

Petersen seufzte gottergeben, zog seine Luger heraus, drückte die Mündung gegen Francos Kniescheibe und sagte: »Doktor Tremino – für den Fall, daß ich abdrücke – wird er dann je wieder richtig laufen können?«

Carlos wurde blaß: »Er wäre auf Lebzeiten ein Krüppel!«

»Dacht' ich's doch!«

Franco sah hilfesuchend zu Alessandro hinüber, aber der fixierte Petersen. Franco gab auf: »Ich weiß es!«

»Na also – warum denn nicht gleich?« Petersen richtete sich auf und stellte den Kasten zwischen Francos Beine. »Aufmachen!« Franco ließ zwei Metallklammern aufschnappen und hob den Deckel. Es gab keine Explosion, und es strömte auch kein Gas aus.

»Warum haben Sie ihn denn nicht selbst aufgemacht?« fragte Carlos.

»Weil ich ein mißtrauischer Mensch bin«, erklärte Petersen. »Viele dieser Dinger haben kleine Spielereien eingebaut – und wenn ein Unbefugter sie öffnet, kann es sein, daß er eine unliebsame Überraschung erlebt.« Er nahm Franco den Kasten aus der Hand: er war mit Samt ausgeschlagen und enthielt zwei runde Dosen, gläserne Ampullen und zwei kleine Injektionsspritzen. Petersen nahm eine der Dosen und schüttelte sie. Es klapperte. Er legte sie an ihren Platz zurück und wandte sich an Carlos: »Das hier dürfte Sie als Medizinmann auch interessieren: ein Sortiment verschiedener Betäubungsmittel, die das jeweilige Opfer entweder vorübergehend bewußtlos machen – oder auf Dauer! Wie Sie sehen, haben wir hier sieben Ampullen: eine grüne, drei blaue und drei rosa. Ich nehme an, die grüne enthält Skopolamin – ein Mittel, das das Gedächtnis lahmlegt. Der Farbunterschied bei den anderen sechs Ampullen kann meiner Ansicht nach nur einen Grund haben: die einen sind tödlich, die anderen nicht. Stimmen Sie meiner Theorie zu, Doktor?«

»Es wäre immerhin möglich – aber welche sind welche?«

»Vielleicht gibt es eine Möglichkeit, das festzustellen«, sagte Petersen. Er drehte sich um, als George in der Tür erschien. »Alles in Ordnung?«

»Die Funkgeräte sind in der Kapitänskabine – und die junge Dame kocht vor Wut.«

»Damit werden wir leben müssen.«

George sah sich in dem kleinen Raum um, in dem es aussah, als sei ein kleinerer Wirbelsturm hindurchgefegt: »Die fünf halten wohl nicht viel von Ordnung, was?«

»Das geht auf mein Konto«, sagte Petersen und zeigte seinem Freund den Kasten, den er entdeckt hatte: »Na – wie gefällt dir das?«
Es war bestimmt nicht einfach, ein rundes, üblicherweise liebenswürdiges Gesicht in eine steinerne Maske zu verwandeln, aber George schaffte es.
»Alessandros?«
»Ja.«
George sah Alessandro ein paar Sekunden lang schweigend an und wandte sich dann wieder an Petersen: »Vielleicht sollten wir ein kleines Schwätzchen mit dem Herrn halten.«
»Ich bilde mir ein, eine ganz gute Menschenkenntnis zu besitzen«, sagte Carlos, »und ich glaube nicht, daß er Ihnen etwas sagen wird.«
George sah ihn mit einem Lächeln an, bei dem es ihm eiskalt über den Rücken lief: »Sie haben ja keine Ahnung, mein Guter: Wenn ich fünf – oder höchstens zehn – Minuten mit jemandem allein bin, aus dem ich etwas herausbekommen will, dann bekomme ich es auch heraus! Alessandro schaffe ich in fünf!«
»Ich habe noch ein paar andere interessante Sachen gefunden«, berichtete Petersen. »Unter anderem zwei weitere Gasgranaten und einen Butangasbrenner mit Wasserkessel. Was meinst du dazu?«
»Die idealen Voraussetzungen, um in fremder Post herumzuschnüffeln.«

»Genau!«
»Jetzt müssen wir nur noch herausfinden, wer die Bande beauftragt hat.«
»Das hatten wir ja ohnehin vor.«
»Kommt nicht in Frage!« mischte sich Carlos ein.
»Und warum nicht?« fragte George.
»Ich lasse nicht zu, daß an Bord meines Schiffes jemand gefoltert wird!«
»Wer hat denn was von foltern gesagt?«
»Das ist doch wohl die übliche Methode, um jemanden zum Reden zu bringen, oder?«
»Wir haben eine viel subtilere«, lächelte George. »Psychologie!«
»Haben Sie übrigens einen Vorschlaghammer an Bord?« fragte Petersen.
»Wozu brauchen Sie denn den?« fragte Carlos verdutzt.
»Um die Außenverriegelungen an der Tür der Bugkabine so zu präparieren, daß sie auch wirklich zubleibt.«
»Verstehe.« Carlos trat in den Gang hinaus, gab einen Befehl und kam wieder zurück. »Ich glaube, ich muß mich mal um die Schulter unseres ›Helden‹ kümmern«, sagte er.
»Einen Augenblick noch«, bat Petersen. »Wäre es Ihnen recht, wenn wir uns in Ihrer Kabine ein bißchen aufwärmen würden?«
»Aber natürlich. Ich komme dann und erstatte Ihnen Bericht über Colas Zustand.« Er drehte

sich um und verließ die Kabine. Gleich darauf erschien der alte Pietro mit dem gewünschten Vorschlaghammer. Sie traten auf den Gang hinaus, schlossen die Kabinentür, und George nahm den Hammer zur Hand. Nachdem er eine der Verriegelungen bearbeitet hatte, ließ er es gut sein. Nicht einmal ein Gorilla hätte die Tür jetzt noch von innen aufbekommen!

»Nachtarbeit macht Durst!« sagte George und nahm einen ordentlichen Schluck Grappa. Es war bereits sein dritter! Er deutete auf die beiden Funkgeräte der von Granholms, die neben ihm auf dem Boden standen: »Ich möchte zu gerne wissen, mit wem Michael sich in Verbindung setzen wollte!«

»Was er auch immer vorhatte – wir haben es ihm versalzen«, meinte Petersen höchst zufrieden. »Was übrigens Carlos betrifft, muß ich meine Meinung revidieren: Wenn er tatsächlich mit Alessandro und dessen Leuten unter einer Decke stecken sollte, hätten sie wohl kaum den Butangasbrenner und den Wasserkessel mitgebracht, sondern unseren Umschlag, hinter dem sie offenbar her waren, einfach in der Kombüse geöffnet.«

Carlos betrat die Kabine.

»Wie geht es Cola?« fragte Petersen.

»Nicht besonders – aber er ist nicht in Lebensgefahr. Die Schulter sieht allerdings böse aus – da würde ich mich nicht mal drantrauen, wenn die See spiegelglatt wäre.« Er schloß den Safe auf, verstaute die Funkausrüstungen darin und schloß die Tür wieder zu. »Ich hoffe, Sie haben alles, was Sie brauchen – ich muß auf die Brücke.«

»Einen Moment noch«, sagte Petersen.

»Ja?«

»Ich möchte Ihnen ein paar Fragen stellen.«

»Nur zu.«

»Wie Sie sich sicher denken können, geht es um Alessandro. Wußten Sie von dem geplanten Überfall auf uns?«

»Nein.«

»Ich glaube Ihnen.«

Carlos hob erstaunt die Brauen, sagte jedoch nichts.

»Es scheint Sie nicht besonders zu berühren, daß wir Alessandro und seine Leute schachmatt gesetzt haben.«

»Wenn Sie durch diese Bemerkung herausbekommen wollen, ob er mir persönlich nahesteht, so kann ich das getrost verneinen.«

»Aber Sie wissen mehr über ihn, als Sie zugeben, stimmt's?«

»Schon möglich – aber selbst wenn, werden Sie wohl kaum von mir erwarten, daß ich es freiwillig preisgebe, oder?«

»Natürlich nicht.«

»Und wenn ich Sie richtig verstanden habe, würden Sie auch nicht gegen die Genfer Konvention verstoßen, um es herauszukriegen.«

»Bestimmt nicht.« Petersen stand auf. »Ich danke Ihnen – das war schon alles. Wir werden jetzt auch gehen. Vielen Dank, daß wir uns bei Ihnen aufwärmen durften.«

Petersen betrat die Kabine von Alessandro und seinen Männern mit einem zusammenklappbaren Segeltuchstuhl und Alessandros Metallkasten. George brachte zwei Seilrollen und den Vorschlaghammer mit, mit dem er die Außenverriegelung wieder geöffnet hatte. Alex hatte nur seine Maschinenpistole dabei. Petersen klappte den Stuhl auf, setzte sich und sah zu, wie George einen der inneren Riegel festhämmerte.

»Wir möchten vor Störungen sicher sein, wissen Sie«, erklärte Petersen den vier Männern. Er sah Franco, Sepp und Guido an: »Ich möchte Sie bitten, sich in die Ecke zu verziehen. Wer sich rührt, wird von meinem Freund Alex erschossen. Ziehen Sie die Jacke aus, Alessandro.«

Alessandro spuckte auf den Boden.

»Wenn Sie Ihre Jacke nicht freiwillig ausziehen«, sagte George freundlich, »werde ich wohl oder übel nachhelfen müssen.«

Alessandro schien über keinen großen Ideenreichtum zu verfügen: Er spuckte wieder auf den Boden.

Georges Schlag traf ihn irgendwo in der Gegend des Solarplexus. Es war kein besonders harter Schlag – aber er bewirkte immerhin, daß Alessandro wie ein Taschenmesser zusammenklappte und vor Schmerzen stöhnte. George zog ihm die Jacke aus.

»Feßle ihn.«

Alessandro machte einen schwachen Versuch, sich zu wehren, aber ein leichter Kinnhaken belehrte ihn über die Unklugheit seines Verhaltens. George legte ihn flach auf den Boden und fesselte ihn so, daß seine beiden Arme fest an der Seite des Körpers anlagen. Dann wurden noch die Knie und Fußgelenke zusammengebunden, und anschließend zurrte George das menschliche Paket noch an einer der Kojen fest. Er trat zurück, betrachtete sein Werk mit sichtlicher Zufriedenheit, wandte sich an Petersen und fragte: »Könnte es sein, daß das gegen die Genfer Konvention verstößt?«

»Schon möglich – ich habe sie nie gelesen!« Er öffnete den Metallkasten und sah Alessandro an. »Wir werden jetzt ein kleines, wissenschaftliches Experiment machen.« Das klang an sich nicht gefährlich – aber Alessandro erkannte an Petersens Gesicht, daß es alles andere als harmlos sein würde. »Wir haben hier drei blaue Ampullen und drei rosa«, fuhr Petersen fort. »Wir glauben – und Kapitän Tremino, der Arzt ist, teilt unsere Meinung –, daß die einen ein tödli-

ches Gift enthalten und die anderen nicht. Unglücklicherweise wissen wir aber nicht, welche was sind – und es ist uns nur eine Möglichkeit eingefallen, es herauszufinden: Ich werde Ihnen den Inhalt einer Ampulle injizieren!« Petersen hielt eine blaue Ampulle hoch und eine rosa. »Welche würdest du vorschlagen, George?«
George rieb sich nachdenklich das Kinn – doch dann erhellte sich seine Miene plötzlich: »Männliche Babys haben doch immer blaue Sachen an, stimmt's? Und irgendwie erinnert unser guter Alessandro doch im Augenblick an ein hilfloses Baby, findest du nicht? Also nimm die blaue!«
Petersen grinste. »In Ordnung.«
Alessandro beobachtete wie hypnotisiert, wie die leuchtende Flüssigkeit die Spritze langsam füllte.
»Ich muß gestehen, daß ich keine Übung in derlei Dingen habe«, eröffnete Petersen ihm mit einer Gelassenheit, die schlimmer war als die schlimmste Drohung. »Wenn man nicht genau aufpaßt, kann leicht Luft in die Blutbahn kommen – und das wirkt sich dann recht unangenehm aus. Genauer gesagt – tödlich.«
Alessandro wurde leichenblaß. Petersen berührte die Innenseite seines Armes. »Da scheint eine geeignete Stelle zu sein«, sagte er und zielte mit der Spitze der Nadel auf die Vene, die er entdeckt hatte.
»Nein! Nein!« stammelte Alessandro mit weit

aufgerissenen Augen. »Um Himmels willen nicht!«

»Aber nun seien Sie doch nicht so nervös. Ich werde schon aufpassen – und wenn die Flüssigkeit in dieser Spritze nicht tödlich ist, sind Sie in ein paar Minuten wieder wie neu.« Er wandte sich an George: »Ich glaube, wir knebeln ihn lieber – sonst fängt er am Ende noch an zu schreien.« Er zog ein sauberes Taschentuch heraus und gab es George. »Aber paß auf deine Finger auf! Wenn er dich beißt, bekommst du mit Sicherheit eine Blutvergiftung!« Er setzte die Spritze an. Alessandro öffnete den Mund – und George stopfte ihm das Taschentuch hinein.

Der Gefangene kämpfte wild gegen seine Fesseln an, und sein Gesicht nahm eine Färbung an, als stünde er kurz vor einem Herzanfall.

»Das ist das tödliche Zeug, stimmt's?« fragte Petersen ruhig. Er mußte die Frage zweimal wiederholen, bevor sie in das von panischer Angst vernebelte Gehirn vordrang. George entfernte den Knebel.

»Ja, ja, ja!« brachte Alessandro mühsam hervor.

»Und wie stirbt man?«

Alessandro rang nach Luft. »Unter entsetzlichen Qualen!«

»Na ja – dann wissen Sie ja, was Sie erwartet.« Wieder öffnete Alessandro den Mund – und wieder hatte er sofort den Knebel drin.

»Wer ist Ihr Auftraggeber?« Petersen mußte auch diese Frage zweimal wiederholen, bis Alessandro durch ein Rollen seiner Augen zu verstehen gab, daß er bereit war, zu antworten. George entfernte das Taschentuch.
»Cipriano«, flüsterte Alessandro heiser. »Major Cipriano!«
»Das ist eine Lüge! Kein Major der Welt hat solche Befugnisse!« Petersen verstärkte den Druck der Nadel ein wenig. Alessandro wollte schon wieder schreien, aber George war schneller. »Wer hat Sie geschickt?« Die Nadel durchstach die Haut. »Ich brauche jetzt nur noch den Kolben herunterzudrücken, um Sie auf die Reise zu schicken«, sagte Petersen. »Also – wer hat Sie geschickt?« Einen Augenblick sah es so aus, als habe Alessandro das Bewußtsein verloren, aber dann bewegten sich seine Augen wieder.
»Granelli!« Er war kaum noch zu verstehen. »General Granelli!«
Granelli war der ebenso gefürchtete wie gehaßte Chef des italienischen Geheimdienstes.
»Mein Daumen liegt immer noch auf dem Kolben der Spritze. Weiß Oberst Lunz über Ihren Auftrag Bescheid?«
»Nein! Ich schwöre es! Nein!«
»Und General von Löhr?«
»Auch nicht!«
»Woher wußte General Granelli dann, daß ich an Bord der ›Columbus‹ sein würde?«

»Oberst Lunz hat es ihm gesagt.«
»Wie schön, wie schön – es geht doch nichts über das Vertrauen zwischen Verbündeten! Warum haben Sie Franco und Cola heute nacht zu unserer Kabine geschickt?«
»Sie sollten den Umschlag holen.«
»Was wollten Sie denn damit?«
»Du solltest die Spritze vielleicht lieber wegnehmen«, meinte George. »Sonst stirbt er uns am Ende noch vor lauter Angst!«
»Also – was wollten Sie damit?« fragte Petersen. Die Spritze blieb, wo sie war.
»Ich wollte die Nachricht mit einer anderen vergleichen. Sie steckt in meiner Jacke.«
Petersen fand sie in einer Innentasche: Es war ein Duplikat derjenigen, die man ihm mitgegeben hatte. Er faltete es zusammen und steckte es ein.
»Schau mal«, sagte George. »Jetzt ist er doch tatsächlich in Ohnmacht gefallen!«
»Ich wette, er selber hat seinen Opfern nie Zeit dazu gelassen, in Ohnmacht zu fallen«, entgegnete Petersen voller Abscheu. Er roch an der Testampulle, ließ sie fallen und zertrat sie mit dem Absatz seines Stiefels. Dann entleerte er die Spritze auf den Boden.
»Auf Alkoholbasis«, sagte er. »Wird schnell verfliegen. Na, das wär's dann wohl.« Er warf einen Blick auf die drei Männer, die völlig verstört in der Ecke saßen, die er ihnen angewiesen hatte,

und wandte sich an George und Alex: »Gehen wir.«
Draußen vor der Tür zog George ein riesiges Taschentuch heraus und wischte sich die Stirn ab: »War ja eine ziemlich schweißtreibende Prozedur!«
»Ich bin sicher, Alessandro hat noch mehr geschwitzt als du!« grinste Petersen.
»Ich wünschte wirklich, du hättest ihm die Spritze verpaßt!« sagte Alex mit für ihn ungewöhnlicher Heftigkeit.
»Aber ich bin doch kein Sadist!« protestierte Petersen mit Unschuldsmiene.
Sie ließen die acht Verriegelungen an der Tür einrasten, und dann wickelte George das Taschentuch, das noch kurz zuvor als Knebel gedient hatte, um den Hammer, damit die Schläge nicht so dröhnten. Als er fertig war, meinte er: »Das sollte halten. Vor allem, wenn wir dieses handliche, kleine Werkzeug über Bord werfen.«
»Wir wollen lieber ganz sicher gehen.« Petersen verschwand und kam kurz darauf mit einem Schweißgerät und einer Schutzbrille zurück. Er war ein blutiger Amateur auf diesem Gebiet – aber was ihm an Können mangelte, machte er durch Gründlichkeit wett. Das Resultat seiner Arbeit hätte ihm sicher keinen Preis eingebracht, aber darauf kam es schließlich nicht an.

»Wie hört sich das an?« fragte Petersen, neben sich einen Scotch und vor sich eine Nachricht, die er gerade entworfen hatte. Er saß an Carlos' Schreibtisch.

»Hört zu! AN COLONEL LUNZ. Dann seine Codenummer. IHRE MÖRDERBANDE EIN HAUFEN UNFÄHIGER IDIOTEN STOP ALESSANDRO UND BEGLEITER IN ZUGESCHWEISSTER KABINE AUF DER ›COLUMBUS‹ EINGESPERRT STOP BEDAUERE SIE GENERAL VON LÖHR GENERAL GRANELLI UND MAJOR CIPRIANO NICHT ZUR WAHL IHRER BEAUFTRAGTEN BEGLÜCKWÜNSCHEN ZU KÖNNEN STOP GRÜSSE ZEPPO. ›Zeppo‹ ist, wie ihr euch vielleicht erinnert, mein Codename.«

George legte die Fingerspitzen aneinander. »Nicht schlecht«, sagte er. »Wirklich nicht schlecht.«

»Ich werde diesen Text Michael senden lassen.«

»Es wird einen ziemlichen Wirbel geben«, strahlte George. »Lunz und von Löhr werden im Quadrat springen! Alessandro sagte doch, sie wüßten von der Sache nichts!«

»Ich würde zu gerne die Telefonate hören, die zwischen den angesprochenen Parteien daraufhin laufen werden«, grinste Petersen. »Verwirrung, Mißverständnisse, Mißtrauen unter den Verbündeten – eine ganz schöne Leistung, was?«

Die einzige Lichtquelle im Ruderhaus war der indirekt beleuchtete Kompaß, und Petersen und seine Freunde brauchten eine ganze Weile, um sich in der Dunkelheit zurechtzufinden. Carlos stand am Steuer. Petersen trat neben ihn und sagte ohne Einleitung: »Es hat uns sehr bestürzt, zu erfahren, daß ein Mann wie Sie mit so skrupellosen Typen wie General Granelli und Major Cipriano zusammenarbeitet.«

Carlos sah unverwandt weiter geradeaus – und als er sprach, war seine Stimme völlig ruhig: »Ich habe keinen von beiden jemals kennengelernt – und nach dem Vorfall heute nacht hoffe ich, daß sich das auch weiterhin vermeiden läßt. Aber um beim Thema zu bleiben: Lebt Alessandro noch?«

»Es geht ihm sogar ganz ordentlich. Psychologie verursacht ja keine körperlichen Schäden.«

»Ich werde nachher mal ein paar Worte mit ihm reden.«

»Dazu müssen Sie sich zum Bullauge der Kabine abseilen lassen – die Tür ist nämlich zu.«

»Dann kann man sie ja wieder aufsperren.«

»In diesem Fall nicht: Ich möchte mich von vornherein dafür entschuldigen, mir auf einem Schiff der Marine Eigenmächtigkeiten erlaubt zu haben – aber ich hielt es für das sicherste, die Tür mit dem Schott zu verschweißen.«

Jetzt sah Carlos Petersen an: »Sie haben Sie zugeschweißt? Eine recht ungewöhnliche Idee!«

»Mag schon sein. Da ich gerade beim Beichten bin, kann ich Ihnen gleich auch noch sagen, daß wir den Schneidbrenner, den Sie an Bord hatten, ins Meer geworfen haben – und ich bezweifle stark, daß Sie in Ploče einen auftreiben werden.«

Carlos schaute wieder geradeaus, so daß Petersen ihn nur im Profil sah – und auch das nur undeutlich –, aber er hätte schwören können, daß der Kapitän lächelte.

4

Wie Carlos vorausgesagt hatte, näherten sie sich kurz nach Tagesanbruch dem Hafen, den wohl kein Reiseführer als »Perle der Adria« bezeichnet hätte – und die riesige Flagge bewahrte sie tatsächlich davor, beschossen zu werden.

Das Frühstück, zu dem sie sich versammelten, nachdem die »Columbus« am Kai vertäut worden war, war unzweifelhaft Giovannis Werk: Die undefinierbare Mischung aus Eiern und Käse schien in Dieselöl gebraten worden zu sein, und für die Zubereitung des Kaffees hatte er anscheinend auch dieses statt Wasser benutzt.

Giacomo schob seinen halbleer gegessenen Teller von sich. Er war frisch rasiert und trotz der abscheulichen Mahlzeit guter Dinge. »Wo sind denn Alessandro und seine Spießgesellen? Die ahnen ja gar nicht, was ihnen entgeht!«

»Vielleicht haben sie schon gefrühstückt«, meinte Petersen. »Oder sie sind bereits von Bord gegangen.«

»Das hätte ich sehen müssen: Ich war an Deck, seit wir angelegt haben.«

»Dann bleiben sie wohl lieber unter sich – sie machten ja schon auf den ersten Blick keinen besonders geselligen Eindruck.«
»Vielleicht schlafen sie auch noch«, grinste Giacomo. »Letzte Nacht hatten sie ja nicht viel Gelegenheit dazu!«
»Wieso nicht?« fragte Sarina, die offensichtlich noch unter den Nachwehen der stürmischen Überfahrt litt.
»Haben Sie denn den Schuß heute nacht nicht gehört?«
»Doch«, nickte sie. »Aber Lorraine und mir war so schlecht, daß wir uns nicht weiter darum kümmerten. Was ist denn passiert?«
»Alex hat einen von Alessandros Männern angeschossen: den Burschen, der uns als ›Cola‹ vorgestellt wurde.«
Sarina sah Petersen entgeistert an: »Warum denn, um Himmels willen?«
»Weil er etwas vorhatte, womit wir nicht einverstanden waren.«
»Ist er ... ist er tot?«
»Selbstverständlich nicht! Alex ist doch kein Killer!« Es gab eine ganze Menge Tote, die das Gegenteil hätten bezeugen können. »Der junge Mann hat nur eine verletzte Schulter.«
»Hat Carlos ihn sich angeschaut?« fragte Lorraine.
Petersen sah sie nachdenklich an. »Wozu sollte das denn gut sein?«

»Nun – immerhin ist Carlos ...« Sie brach ab.
»Nur weiter, meine Liebe. Was ist Carlos?«
»Na ja – ich meine ... immerhin ist er der Kapitän.«
»Na und? Was Schußwunden anbelangt, kenne ich mich damit höchstwahrscheinlich bedeutend besser aus als er.«
»Sind Sie Arzt?«
»Ist Carlos einer?«
»Woher soll ich das wissen?«
»Sie sind eine lausige Schauspielerin«, konstatierte Petersen trocken.
Sie ballte die Fäuste, und ihre Augen sprühten.
»Wenn Sie wütend sind, sehen Sie noch schöner aus«, lächelte Petersen. »Aber ich frage mich, was Sie so in Rage bringt. Ärgern Sie sich, weil ich Sie durchschaut habe?«
»Sie sind ein widerlicher, selbstherrlicher Klugscheißer!« antwortete sie ebenso inbrünstig wie undamenhaft.
»Donnerwetter! Einen solchen Wortschatz hätte ich Ihnen gar nicht zugetraut!« grinste Petersen.
Sie gab sich geschlagen. »Also gut – ich kenne Carlos schon länger«, gab sie trotzig zu. »Aber das ist nichts Besonderes: Sie haben gestern beim Abendessen sicher mitgekriegt, daß wir aus demselben Ort stammen – und Pescara ist ein Nest, in dem jeder jeden kennt.«
»Arme Lorraine – auch als Lügnerin sind Sie

eine glatte Katastrophe! Sie stammen doch gar nicht aus Pescara! Sie sind ja nicht einmal Italienerin!«
»Lorraine!« fuhr Sarina auf. »Ignorieren Sie ihn einfach! Er will doch nur seinem Affen Zucker geben!« Auch das war nicht sehr damenhaft – und auf keinen Fall standesgemäß!
»Ich scheine mich heute früh ja nicht besonders beliebt zu machen«, stellte Petersen mit gespieltem Bedauern fest.
»Sie sind ein gräßlicher Kerl!« explodierte Sarina.
»Wenn Sie Ehrlichkeit gräßlich finden, wird sich Ihre Abneigung gegen mich gleich noch steigern – ich bin nämlich noch nicht fertig! Unterbrechen Sie mich, wenn ich etwas Falsches sage, Lorraine.«
Die junge Frau starrte schweigend auf ihren Teller und nagte an ihrer Unterlippe.
»Sie haben eine Beziehung zu Carlos – und die hat sich nicht erst in Pescara entwickelt.«
Lorraine schwieg weiter.
»Sie wissen eine ganze Menge, was, Peter?« lächelte Giacomo.
»Ich habe nur früh gelernt, Augen und Ohren offenzuhalten, um länger am Leben zu bleiben«, antwortete Petersen bescheiden.
Giacomo lächelte immer noch. »Als nächstes werden Sie mir sagen, daß ich nicht aus Italien stamme.«

»Wie könnten Sie – wo Sie doch in Jugoslawien geboren wurden. In Montenegro, um genau zu sein.«
»Großer Gott!« Für einen Augenblick war das Lächeln wie weggewischt, aber gleich darauf war es wieder da.
Sarina schoß Petersen einen vernichtenden Blick zu und wandte sich dann an Giacomo: »Was ist letzte Nacht sonst noch geschehen?«
»Nun ja ...«, sagte er gedehnt, lehnte sich zurück und verschränkte mit einem genüßlichen Gesichtsausdruck die Hände hinter dem Kopf. »Nachdem Cola angeschossen worden war, wurde Alessandro und seinen restlichen drei Kumpanen eine Nase voll Gas verabreicht.«
»Gas?!« echote Sarina entsetzt.
»Nur die Ruhe – sie wurden nur betäubt! Es war übrigens Gas aus ihren eigenen Vorräten! Anschließend wurden ihnen die Waffen und noch ein paar andere Kleinigkeiten abgenommen, dann wurden sie eingesperrt. Das ist alles.«
»Sie erzählen das in einem Ton, als sprächen Sie über das Wetter«, sagte Sarina empört.
»Die Kerle haben nur bekommen, was sie verdienten«, erklärte Giacomo ungerührt. Dann wandte er sich an Petersen: »Verzeihen Sie übrigens, daß ich den Ahnungslosen gespielt habe: Ich weiß, wo Alessandro und seine Freunde sind. Ich kam auf dem Weg hierher an ihrer Tür vorbei.«

»Ach ja?«
»Was soll das nun wieder bedeuten?« fragte Sarina.
»Daß die Burschen nach wie vor in ihrer Kabine festsitzen. Unser lieber Peter hat den Ausgang zugeschweißt!«
Sarinas Augen weiteten sich: »Aber warum?«
»Vielleicht wollte er sie nicht beim Frühstück dabei haben«, grinste Giacomo.
»Ich habe für diese Art von Humor keinen Sinn«, erklärte Sarina eisig.
Petersen brach das folgende Schweigen, indem er sich räusperte und locker meinte: »Wenn jetzt alle Fragen zur Zufriedenheit geklärt sind, können wir ja zur Tagesordnung übergehen. Wir werden in einer halben Stunde losfahren – vorausgesetzt, daß es uns bis dahin gelingt, ein Transportmittel aufzutreiben. Also haben wir gerade noch Zeit zum Packen.« Er wandte sich an Giacomo: »Kommen Sie und Lorraine mit uns?«
»Kommt ganz darauf an, wo Sie hinwollen.«
»Das Neretva-Tal hinauf.«
»Dann sind wir dabei.«
Petersen wollte gerade aufstehen, als Carlos mit einem Blatt Papier in der Hand hereinkam. Ebenso wie Giacomo war er frisch rasiert und wirkte ausgeschlafen und gutgelaunt. »Guten Morgen! Wie ich sehe, haben Sie schon gefrühstückt.«

»Unsere Empfehlung an den Küchenchef!« grinste Petersen. »Ist das da für mich?« Er deutete auf den Zettel.
»Gerade reingekommen«, nickte Carlos. »Verschlüsselt – sagt mir also gar nichts.«
Petersen warf einen Blick darauf. »Mir auch nicht – jedenfalls nicht ohne Codebuch.« Er faltete die Nachricht zusammen und steckte sie in die Tasche.
»Wäre es nicht möglich, daß es etwas Dringendes ist?« meinte Carlos.
»Die Absender aus Rom halten es sicherlich dafür – aber ich habe immer wieder festgestellt, daß nichts so heiß gegessen wird, wie es gekocht wurde.«
Lorraine wandte sich an Carlos: »Wir haben gehört, daß ein Mann angeschossen worden ist. Ist er schwer verletzt?«
»Cola? Seine Schulter hat etwas abbekommen. Ich habe für alle Fälle eine Ambulanz angefordert. Sie müßte eigentlich schon da sein.« Er schaute aus dem kleinen Fenster. »Keine Ambulanz! Aber dafür kommen zwei Soldaten – wenn man sie als solche bezeichnen kann – die Gangway herauf. Der eine ist neunzig, der andere etwa zehn.« Er sah Petersen an. »Könnte es sein, daß die zu Ihnen wollen?«
»Wir werden sehen.«
Carlos hatte den Altersunterschied zwischen den beiden Ankömmlingen zwar übertrieben, aber

nicht wesentlich: Der eine war tatsächlich noch ein regelrechter Milchbart, und der andere hatte ein vom Alter gezeichnetes Gesicht. Er grüßte so zackig, wie es seine arthritischen Knochen erlaubten.

»Guten Morgen, Kapitän Tremino. Haben Sie einen jugoslawischen Armeeoffizier an Bord?«

»Jawohl. Major Petersen.«

Petersen stand auf.

»Herr Major«, sagte der Veteran, »der Herr Kommandant bittet Sie, ihn in seinem Büro aufzusuchen. Sie und Ihre beiden Freunde.«

»Wissen Sie, warum?«

»Der Herr Kommandant pflegt mich nicht ins Vertrauen zu ziehen, Herr Major.«

»Wie weit ist es denn?«

»Nur fünf Minuten von hier.«

»Na, dann los.« Petersen griff nach seiner Maschinenpistole. George und Alex taten das gleiche. Der alte Soldat hüstelte verlegen.

»Der Herr Kommandant schätzt es nicht, wenn man Waffen in sein Büro mitbringt.«

»Keine Waffen? Wir befinden uns im Krieg, dies hier ist ein Militärstützpunkt – und der Kommandant hat etwas gegen Waffen?« Er sah George und Alex an und legte seine Maschinenpistole wieder weg. »Wahrscheinlich ist er senil. Nehmen wir's mit Humor.«

Carlos sah ihnen nach, wie sie die Gangway hinuntergingen, und seufzte: »Da gehen sie hin: ein zahnloser alter Hund und ein unerfahrenes Hundebaby als Eskorte für einen Säbelzahntiger und zwei Wölfe!« Er öffnete die Tür und rief: »Giovanni!«

»Säbelzahntiger«, wiederholte Sarina sinnend. »Den Ausdruck habe ich gestern in Rom schon einmal gehört.«

»Zweifellos von meinem alten Freund Oberst Lunz.«

»Sie kennen Oberst Lunz?« fragte sie überrascht.

»Ja – schon ziemlich lange.« Er drehte sich um, als der mißgelaunt aussehende Maschinist in der Tür erschien. »Ich hätte gerne Frühstück, Giovanni.« Der Mann nickte und verschwand.

»Sie können das Zeug tatsächlich essen?« grinste Giacomo.

»Betäubte Geschmacksnerven, ein mit Zink ausgekleideter Magen und ein bißchen Phantasie – und schon denkt man, man diniert im ›Ritz‹.«

»Was halten Sie von Major Petersen?« fragte Sarina unvermittelt.

»Warum fragen Sie?«

»Ich traue ihm nicht!«

»Keine sehr günstige Voraussetzung für eine gemeinsame Reise.«

»Mir graust vor dem Gedanken, mit diesem Mann in die Berge zu fahren.«

»Aber es wird Ihnen wohl nichts anderes übrigbleiben: Soviel ich weiß, sind Sie und Ihr Bruder doch auf seine Hilfe angewiesen. Wie Oberst Lunz mir sagte, kennt der Major sich in den Bergen seiner Heimat ausgezeichnet aus – Sie sind bei ihm also sicher in guten Händen.«

»Ich habe auch meine Bedenken«, sagte Lorraine.

»Wieso denn das?«

»Giacomo hat entschieden, daß wir ebenfalls mit ihm fahren.«

»Aber mit diesem Leibwächter haben Sie doch bestimmt nichts zu befürchten!«

»Was mich an dem Major so irritiert, ist die Tatsache, daß er so viel weiß: Er hat mir auf den Kopf zugesagt, daß ich keine Italienerin bin – und daß Sie und ich uns nicht aus Pescara kennen!«

Wenn Carlos diese Eröffnungen überraschten, so verbarg er es meisterhaft. »Oberst Lunz hat mir schon gesagt, daß unser guter Peter viele Dinge weiß, bei denen man sich fragt, wo er sie her hat.«

»Das mit Lorraine war ja wirklich ein gekonnter Bluff!« amüsierte sich George.

»Es geht eben nichts über eine gute Beobachtungsgabe«, grinste Petersen und beeilte sich hinzuzufügen: »Und natürlich deine Sprachkenntnisse.«

»Und außerdem hat Lorraine es dir nicht gerade schwergemacht!« ergänzte George.

»Das muß ich allerdings zugeben.«
Sie gingen in ein paar Metern Abstand hinter den beiden italienischen Soldaten her. Es hatte aufgehört zu schneien, und die Rilić-Hügel schirmten den Ort einigermaßen gegen den schneidenden Nordostwind ab, aber die Temperatur lag immer noch unter dem Gefrierpunkt. Es waren kaum Leute auf der Straße. Die frühe Uhrzeit und die Kälte verlockten nicht gerade dazu, ohne einen zwingenden Grund das Haus zu verlassen.
»Was stand denn in der Nachricht aus Rom?« erkundigte sich George.
»Daß wir in Ploče bleiben und weitere Instruktionen abwarten sollen.«
»War wohl die Reaktion auf deine boshafte Meldung von letzter Nacht.«
»Das denke ich auch.«
»Und was werden wir tun?«
»Genau das, was wir geplant haben!« Petersen deutete nach vorn: »Die beiden sind nicht gerade die Hellsten, was?«
»Weil Sie uns nicht nach Waffen durchsucht haben? Der eine ist so alt, daß es ihn nicht interessiert – und der andere so jung, daß er sich mit derlei Gepflogenheiten noch nicht auskennt.«
Sie erreichten eine Holzhütte – offensichtlich ein Provisorium –, stiegen ein paar Stufen hinauf und betraten, nachdem die beiden Soldaten angeklopft hatten, hinter ihnen einen kleinen

Raum, der genauso primitiv und spartanisch aussah wie die Hütte von außen: Der Linoleumfußboden hatte Risse, und das Mobiliar bestand lediglich aus zwei metallenen Aktenschränken, einem Tisch, auf dem ein Funkgerät und ein Telefon standen, und ein paar recht wacklig aussehenden Stühlen.
Der Offizier, der hinter dem Tisch gesessen hatte, stand auf. Er war ein großer, dünner Mann mittleren Alters mit extrem dicken Brillengläsern, die ihn für die Front untauglich machten. Er beäugte die Ankömmlinge kurzsichtig über den Rand seiner Brille. »Major Petersen?«
»Ja. Ich freue mich, Sie kennenzulernen, Herr Kommandant.«
»Ich fürchte, das wird sich sehr schnell ändern: Ich habe gerade einen Haftbefehl ...«
Petersen legte den Finger auf die Lippen. »Pst! Sind wir allein?« fragte er leise.
»Ja.«
»Kann uns niemand hören?«
»Nein.«
»Dann nehmen Sie bitte die Hände hoch!«

Carlos schob seinen leeren Teller zurück und stand auf: »Ich muß mir jetzt doch endlich das Ergebnis von Peters Nachtarbeit ansehen!«
»Sprechen Sie von der zugeschweißten Tür?« fragte Lorraine.
»Genau. Wer hat Ihnen davon erzählt?«

»Giacomo. Wollen Sie etwa sagen, sie hätten sie bis jetzt noch gar nicht gesehen?« fragte Lorraine entgeistert.

»Ich wollte erst in Ruhe frühstücken.«

Es war noch keine Minute vergangen, als er wieder zurückkam: »Ein gründlicher Mensch, der liebe Peter: Die Tür kriegt man ohne Schneidbrenner nie mehr auf! Ich habe Pietro an Land geschickt, um einen zu organisieren – aber ich glaube nicht, daß er Erfolg haben wird. Wir hatten selbst einen an Bord – doch den haben Peter und seine Freunde ins Meer geworfen.«

»Das scheint Sie aber nicht besonders zu kümmern!«

»Warum sollte es?«

»Was wird denn mit den Männern, wenn Sie sie nicht aus der Kabine herauskriegen?«

»Ist doch ganz klar: Sie müssen drinbleiben, bis wir wieder in Termoli sind.«

»Und wenn das Schiff auf dem Weg dorthin versenkt wird?«

»Das wäre allerdings tragisch!«

»Endlich eine menschliche Regung!«

»Es wäre tragisch, weil ich am Leben hänge – und an diesem Schiff!« Auf Lorraines vernichtenden Blick antwortete er: »Haben Sie etwa Mitgefühl von mir erwartet? Mitgefühl für einen gedungenen Mörder und seine Kumpane?« Als sie ihn verständnislos ansah, wurde ihm bewußt, daß sie ja gar nicht wußte, wovon er sprach: »Ich muß Ihnen das wohl näher erklären: Alessandro ist ein Mann, der – wie sich herausstellte – sein Geld damit verdient, daß er Leute ins Jenseits befördert, und zwar auf eine Weise, die den Opfern entsetzliche Qualen bereitet. Peter hat ihn am Leben gelassen, und ich wünschte, er hätte es nicht getan!« Damit drehte er sich um und verließ den Raum.

Lorraine war völlig verwirrt: »Das konnte ich doch nicht wissen!«

»Aber vorschnell urteilen – das konnten Sie!« tadelte Giacomo.

Auch er stand auf und ging hinaus. Zwei große Tränen rollten über Lorraines Wangen. Sarina legte eine Hand auf ihren Arm: »Nehmen Sie's nicht so schwer. Wie hätten Sie denn auf so etwas kommen sollen?«

Als Petersen und seine beiden Freunde zurückkamen, waren sie motorisiert. Er saß am Steuer eines leicht verbeulten Zivillastwagens mit einer hinten zu schließenden Abdeckplane über der Ladefläche. Eilig sprang er heraus und kam über die Gangway auf die fünf Menschen zu, die auf dem Deck der »Columbus« standen: Carlos, Giacomo, Lorraine, Michael und Sarina – die vier letzteren mit ihren Rucksäcken und Funkgeräten neben sich.

»Es kann losgehen!« verkündete er gutgelaunt. »Wir holen nur noch schnell unser Gepäck.«

»Kommt schon«, winkte Carlos ab. »Die beiden Pietros bringen es.«
»Und unsere Waffen?«
»Ich würde Sie doch niemals halbnackt losziehen lassen«, grinste Carlos. »Wie war's denn beim Kommandanten?«
»Hätte gar nicht besser sein können. Er war äußerst entgegenkommend.« Petersen zog zwei Formulare aus der Tasche: »Ein Militärpaß und ein Erlaubnisschein für mich, mit dem Ding da unten fahren zu dürfen! Gilt zwar nur bis Metković – aber wenigstens sind wir dann schon mal unterwegs! Beide unterzeichnet von Major Massamo!«
Als sie alle unten neben dem Wagen standen, sagte Petersen: »Würden die beiden Damen bitte vorn bei mir einsteigen? Es ist viel bequemer als hinten – und außerdem geheizt.«
»Nein, danke«, lehnte Lorraine frostig ab. »Ich sitze lieber hinten!«
»O nein, kommt nicht in Frage!« protestierte Sarina. »Ich bin nicht bereit, auch nur eine Minute mit diesem Menschen allein zu bleiben: der treibt mich doch glatt zu dem Geständnis, daß ich auf Mata Haris Spuren wandle!« Sie nahm Lorraines Arm, zog sie ein paar Schritte von den anderen weg und redete leise auf sie ein. Petersen verdrehte die Augen zum Himmel. Zuerst schüttelte Lorraine entschieden den Kopf, aber schließlich nickte sie widerwillig.

Sie verabschiedeten sich von Carlos – alle außer Lorraine. Sie stand bewegungslos da und starrte vor sich auf den Boden. Carlos sah sie an und sagte: »Nun kommen Sie schon! Wir haben uns beide falsch verhalten: Sie aus Unwissenheit – und ich aus Zorn!« Er nahm sie bei den Schultern, zog sie etwas zu sich heran und küßte sie zart auf die Wange. »Akzeptieren Sie das als Entschuldigung?« Lorraine antwortete nicht.
Als alle eingestiegen waren, startete Petersen den asthmatisch keuchenden Motor und fuhr los. Der alte Posten am Tor wollte die Papiere, die er ihm entgegenhielt, gar nicht sehen und winkte sie einfach durch. Wahrscheinlich hatte er keine Lust, den Schutz seines Wachhäuschens zu verlassen. Als Petersen weiterfuhr, warf er einen Blick nach rechts: Lorraine, die an der Tür saß, sah starr geradeaus. Ihr Gesicht war tränenüberströmt. Er runzelte die Stirn und beugte sich vor, um etwas zu sagen, wurde jedoch von einem nachdrücklichen Rippenstoß zurückgewiesen: Sarina schüttelte kaum merklich den Kopf. Er sah sie fragend an, erhielt einen beschwörenden Blick als Antwort und beschloß, sich nur noch aufs Fahren zu konzentrieren.

Hinten, wo die Luft durch Georges unvermeidliche Zigarren bereits zum Schneiden dick war, betrachtete Giacomo unverwandt den mit einer Plane bedeckten Hügel, der sich in der Mitte der

Ladefläche erhob. Schließlich tippte er George, der ihn vorher lediglich gebeten hatte, »nicht draufzutreten«, auf den Arm: »Was ist denn da drunter?«

»Warten Sie – ich zeig's Ihnen.« Damit zog George die Plane weg, und Giacomo starrte verwundert die drei Männer an, die jetzt zum Vorschein kamen: Sie lagen – an Händen und Füßen gefesselt und kunstgerecht geknebelt – dicht nebeneinander auf der Seite. Es war gerade hell genug, daß er den alten Soldaten und den Jungen erkennen konnte, die auf die »Columbus« gekommen waren, um Petersen und seine beiden Freunde zum Hafenkommandanten zu bringen.

»Wer ist denn der Dritte?« fragte er.

»Major Massamo – der Kommandant!«

Michael, der gegenüber neben Alex saß, fragte: »Warum sind diese Männer hier?« An seiner Stimme war deutlich zu erkennen, daß er nicht mehr die Kraft hatte, sich über irgend etwas aufzuregen – er hatte schon beim Frühstück keinen Ton gesagt. Die Vorfälle, die sich seit der Bekanntschaft mit Petersen ereignet hatten, waren zuviel für ihn gewesen – und die stürmische Überfahrt hatte ihm noch den Rest gegeben!

»Weil wir nicht riskieren konnten, daß sie Alarm schlugen, sobald wir weg waren«, erklärte George. »Als Menschenfreunde, die wir nun mal sind, wollten wir sie nicht erschießen – also blieb uns nur die Möglichkeit, sie mitzunehmen.«

»Wie haben Sie es denn geschafft, daß der Kommandant die Papiere unterschrieb, die Major Petersen vorhin in der Hand hatte?«
»Ich muß Sie leider enttäuschen, junger Mann: Wir haben ihm keine Daumenschrauben angelegt! Ich habe unterschrieben! In seinem Büro lagen haufenweise unterzeichnete Sachen herum – und man muß kein ausgebildeter Fälscher sein, um eine Unterschrift nachzumachen.«
»Und was haben Sie mit ihnen vor?«
»Wir werden uns ihrer zu gegebener Zeit entledigen – und das an einem geeigneten Ort –, aber wir werden dafür sorgen, daß sie heute abend wieder gesund und munter in Ploče sind. Schließlich gehören sie zu unseren Verbündeten.«
»Na, dann möchte ich nicht wissen, wie Sie mit Ihren Feinden umgehen.« Der Versuch, sarkastisch zu klingen, mißlang kläglich.

In den nächsten beiden Dörfern wurden sie an Straßensperren aufgehalten, aber die Befragung war nur sehr oberflächlich und routinemäßig. In Bagalović, dem dritten Ort, hielt Petersen bei einer Behelfstankstelle, stieg aus, händigte dem Unteroffizier, der als Tankwart fungierte, ein paar Papiere aus, wartete, bis der Laster vollgetankt war, gab dem Unteroffizier ein paar Geldscheine, was ihm einen höchst verwunderten Blick einbrachte, und fuhr wieder los.

»Was ist nur mit diesen Soldaten los?« fragte Sarina. »Sie machen alle einen so gleichgültigen Eindruck.«
»Die Italiener haben an sich sehr viel Kampfgeist – aber nicht in diesem Krieg. Sie sind einfach nicht mit dem Herzen dabei – trotz Mussolinis flammender Reden. Von Anfang an wollten sie diesen Krieg nicht – und je länger er dauert, um so mehr geht er ihnen gegen den Strich.«
»Was waren denn das für Papiere, die Sie dem Soldaten gegeben haben?«
»Dieselkupons. Die hat mir Major Massamo freundlicherweise überlassen.«
»Und das Trinkgeld natürlich auch.«
»Nein – das fiel unter die Rubrik ›Reisespesen‹!«
Die restlichen fünfzehn Minuten Fahrt bis Metković verliefen schweigend. Dort angekommen, hielt Petersen in der Hauptstraße an und sprang auf die Straße hinunter.
»Haben Sie nicht etwas vergessen?« fragte Sarina.
»Was denn?«
»Sie haben den Wagenschlüssel steckenlassen!«
»Seien Sie nicht albern!« Er ging über die Straße und verschwand in einem Laden.
»Was hat er damit gemeint?« Es war das erste, was Lorraine seit ihrer Abfahrt aus Ploče sagte.

»Daß er genau weiß, daß ich nicht fahren kann – und daß ich, selbst wenn ich es versuchte, nicht weit kommen würde!« Sie klopfte leicht gegen die Rückwand des Führerhauses: »Holz! Alex würde sofort merken, daß nicht der Major am Steuer sitzt und postwendend da durchschießen!«

»Wäre es nicht ein Erlebnis, wenn der große Meister nur ein einziges Mal einen Fehler machen würde?«

»So reizvoll der Gedanke auch ist – ich glaube, wir sollten es uns lieber nicht wünschen!«

Es vergingen geschlagene zwanzig Minuten, bis Petersen wieder auftauchte: Für einen Mann, von dem man eigentlich annahm, daß er es eilig hatte, ließ er sich auffallend viel Zeit. Er trug einen großen Weidenkorb, der mit braunem Packpapier bedeckt war. Er brachte ihn nach hinten und kletterte gleich darauf ins Führerhaus.

»Na los!« grinste er. »Sie wollen mich doch bestimmt wieder etwas fragen!«

Sarina schnitt eine Grimasse – aber dann siegte ihre Neugier: »Was ist in dem Korb?«

»Auf was tippen Sie? Klapperschlangen?«

»Jetzt sind Sie aber albern!«

»Aber wieso denn? Sie vermuten doch hinter allem, was ich tue, etwas Schreckliches! In dem Korb ist ganz schlicht und einfach Proviant – oder dachten Sie, wir würden den Rest der Reise von der Winterluft leben? Brot, Käse, Schinken,

Gulaschbüchsen, verschiedene Fleischkonserven, Obst- und Gemüsedosen, Tee, Kaffee, Zucker – und ein Gaskocher, ein Wasserkessel und ein Topf. Schließlich hat Oberst Lunz Sie in meine Obhut gegeben!«

Sie mußte gegen ihren Willen lächeln. »Das hörte sich aber eher an, als hätten Sie von irgend jemandem den Auftrag bekommen, uns zu mästen und dann auf einem Sklavenmarkt zu verkaufen! Etwas habe ich bei Ihrer Aufzählung allerdings vermißt: Haben Sie denn gar nicht an Ihren wohlbeleibten Freund gedacht?«

»O doch. George hatte die erste Flasche Bier bereits in der Hand, bevor ich den Korb noch richtig abgestellt hatte! Und Wein habe ich auch besorgt.«

Sie ließen die Stadt hinter sich.

»Ich dachte, Ihre Fahrerlaubnis gelte nur bis Metković«, sagte Sarina.

»Die eine schon«, nickte Petersen. »Aber ich habe noch eine andere!«

Eine halbe Stunde später überquerten sie die Neretva und hielten vor einer ziemlich großen Garage am Rande von Capljina. Petersen ging hinein und kam nach ein paar Minuten wieder zurück: »Ich habe nur schnell einen alten Freund begrüßt.«

Sie fuhren durch den kleinen Ort Trebižat, und wenig später bog Petersen von der Hauptstraße in eine Landstraße ein, die sich mit der Zeit als

ziemlich steil erwies. Von dieser wechselten sie sehr bald auf einen besseren Feldweg, der noch steiler hinaufführte, bis er hinter einer scharfen Kurve abrupt endete. Etwa fünfzig Meter weiter stand ein niedriges Steinhaus. Die beiden Frauen stiegen aus, und Petersen ging nach hinten und verkündete: »Mittagessen!«
Etwa eine Minute verging, ohne daß sich jemand blicken ließ. Sarina und Lorraine, die zu ihm getreten waren, sahen ihn fragend an. »Wenn George einen Knoten macht«, erklärte er grinsend, »dann braucht es seine Zeit, bis er wieder offen ist.«
Gleich darauf flogen die Planen zur Seite, und Major Massamo und seine beiden Soldaten wurden – jetzt ohne Fesseln und Knebel – von der Ladefläche heruntergelassen. Massamo und der alte Soldat sanken in sich zusammen wie Marionetten, bei denen man die Fäden durchgeschnitten hat, während der Junge wenigstens genügend Kraft hatte, um zu sitzen.
»›Warum sind diese Männer hier – und was haben Sie Ungeheuer und Ihre Freunde ihnen angetan?‹« sagte Petersen mit einem spöttischen Blick zu Sarina. »Habe ich Ihre Frage in etwa richtig formuliert?« Einen Augenblick sah es so aus, als wolle sie ihn ohrfeigen, aber dann beschränkte sie sich darauf, in hilfloser Wut die Fäuste zu ballen. »Der Offizier ist Major Massamo, der Hafenkommandant«, erklärte Petersen,

»und die beiden anderen haben Sie ja schon gesehen. Wir haben ihnen weder die Beine gebrochen noch sie sonst mißhandelt – sie leiden lediglich an vorübergehenden Durchblutungsstörungen. Und hier sind sie, weil sie sonst natürlich dafür gesorgt hätten, daß man uns verfolgte. Zufrieden?« Sarina antwortete nicht. Nachdem die vier anderen Männer den Lastwagen ebenfalls verlassen hatten, sagte Petersen: »Geht ein bißchen mit ihnen spazieren, ja?«

Alex nahm den Major und Giacomo den Jungen unter den Arm, und Michael versuchte, den Alten hochzukriegen – aber der war nicht nur fett, sondern machte sich dazu noch absichtlich schwer. Sarina schoß Petersen einen vernichtenden Blick zu und eilte ihrem Bruder zu Hilfe.

Petersen nahm George beiseite: »Ich habe eine Neuigkeit für dich: Ich habe herausgekriegt, wer Lorraine ist!«

»Wie denn das?«

»Man muß nur an die richtige Person die richtigen Fragen stellen.«

Lorraine, die allein neben dem Lastwagen stand, sagte mit dem Tonfall einer strengen Lehrerin: »Flüstern in Gegenwart anderer ist unhöflich, meine Herren!«

»Da haben Sie recht, meine Liebe«, stimmte Petersen zu, »aber manchmal läßt es sich nicht vermeiden. Ich kann Sie jedoch beruhigen – wir führen nichts Böses gegen Sie im Schilde: Jamie

Harrison würde uns nie verzeihen, wenn Ihnen etwas zustoßen sollte!«
»Jamie Harrison?« Sie starrte ihn entgeistert an. »Sie kennen Jamie Harrison?« Sie sah George an. »Dann kennen Sie ihn natürlich auch!«
»Natürlich: sehr groß, schlank, mit einem braunen Bart.«
»Als ich ihn das letzte Mal sah, hatte er noch keinen Bart.«
»Aber jetzt hat er einen: einen Schnurrbart! Und er ist ein ausgesprochen englischer Engländer: trägt aus lauter Eitelkeit ein Monokel!«
Sie konnte nicht umhin zu lächeln: »Ja – das stimmt.«
Major Massamo und seine beiden Leute waren inzwischen schon wieder einigermaßen gut zu Fuß und bewegten sich nach entsprechender Anweisung langsam auf die Hütte zu. Petersen holte den Proviantkorb aus dem Lastwagen, überholte die anderen, stieg die grasbewachsenen Stufen zu der Steinhütte hinauf, stellte den Korb ab und zog einen Schlüssel aus der Tasche. Sarina, die sich beeilt hatte, ihn einzuholen, sah zuerst den Schlüssel und dann ihn an, worauf er lakonisch erklärte: »Das wichtigste im Leben sind Freunde!« Die Tür quietschte erbärmlich, und aus dem Inneren der Hütte schlug ihnen ein muffiger Geruch entgegen. Ein Zeichen dafür, daß lange niemand hiergewesen war. Es gab nur einen einzigen Raum, und seine Ausstattung war

ausgesprochen spartanisch: ein roh zusammengezimmerter Tisch, zwei Bänke, ein paar wacklige Stühle, ein alter Ofen und ein Haufen Klafterholz.

»Ist doch besser als gar nichts, oder?« meinte Petersen aufgeräumt. »Na, dann wollen wir mal!« Er sah George an, der sich bereits wieder eine Flasche Bier geschnappt hatte: »Meinst du nicht, daß es im Augenblick Wichtigeres zu tun gibt?«

»Ich habe einen teuflischen Durst!« verteidigte sich George. »Und außerdem kann ich Feuer machen und nebenbei trinken!«

»Ich muß kurz weg. Kümmerst du dich um unsere Gäste?«

»Wann kommst du denn wieder?«

»Ungefähr in einer halben Stunde.«

Als Petersen eine Stunde später zurückkam, herrschte in der Hütte eine geradezu erstickende Hitze: George war eben kein Freund von halben Sachen! Petersen ließ demonstrativ die Tür offen und stellte einen zweiten Weidenkorb auf den Tisch. »Tut mir leid, daß es so lange gedauert hat.«

»Macht nichts«, sagte George. »Oder glaubst du etwa, wir hätten uns Sorgen gemacht?« Er warf einen Blick in den Korb: »Hast du so lange gebraucht, um das bißchen Zeug da zu besorgen?«

»Ich habe ein paar Freunde getroffen«, sagte Petersen.
»Wo ist denn der Lastwagen?« fragte Sarina von der Tür her.
»Steht um die Ecke.« Petersen setzte sich an den Tisch und machte sich ein Brot mit Salami und Käse. »Wenn einer von Ihnen schlafen möchte, dann sollte er das jetzt tun: In spätestens drei Stunden geht's weiter. Ich werde mich auch hinlegen. Bei Dunkelheit fahren ist anstrengend – aber es ist mir trotzdem lieber als tagsüber.« Damit wandte er sich dem Essen zu – und an der Geschwindigkeit, mit der das zweite Brot dem ersten folgte, konnte man erkennen, daß er einen Hunger hatte, der fast dem von George gleichkam. Zwischen zwei Bissen sah er sich in der Hütte um und fragte: »Wo sind denn die Mädchen geblieben?«
»Die sind grade raus«, antwortete George. »Wollten wohl ein bißchen frische Luft schnappen.«
Petersen sprang auf: »Verdammt. Das ist meine Schuld! Ich hätte es dir sagen müssen!«
Sarina und Lorraine waren noch nicht weit gegangen.
»Kommen Sie zurück!« rief Petersen. Sie blieben stehen und drehten sich zu ihm um. Er hob gebieterisch den Arm: »Kommen Sie sofort zurück!« Die beiden sahen einander an und kamen dann langsam auf ihn zu.
George war neben ihn getreten und fragte ver-

ständnislos: »Warum dürfen sie sich denn nicht mal die Beine vertreten?«
Petersen senkte die Stimme, damit man ihn im Inneren der Hütte nicht verstehen konnte, und erklärte es ihm mit ein paar Worten.
»Was ist denn los?« fragte Sarina, als sie bis auf ein paar Schritte heran war.
Petersen nickte zu dem kleinen Toilettenhäuschen hinüber, das ein paar Meter von der Hütte entfernt stand: »Wenn Sie das gesucht haben sollten ...«
»Nein – wir wollten nur ein paar Schritte laufen. Was ist denn dagegen einzuwenden?« fiel ihm Sarina ins Wort.
»Gehen Sie rein!«
»Ganz wie Sie befehlen«, sagte Sarina mit gespielter Unterwürfigkeit. »Aber würden Sie sich vielleicht dazu herablassen, uns zu erklären, weshalb?«
»Es ist Untergebenen nicht gestattet, in einer so vorlauten Weise mit ihrem Vorgesetzten zu sprechen«, sagte Petersen streng. »Auch weiblichen nicht! Ich werde es Ihnen aber trotzdem erklären: weil Sie nichts ohne meine ausdrückliche Erlaubnis tun dürfen, weil Sie wie zwei hilflose, kleine Kinder in einem großen finsteren Wald sind und weil ich Ihnen erst dann vertraue, wenn Sie mir vertrauen.«
Er trat zur Seite, und die beiden Frauen verschwanden in der Hütte.

»War das nicht ein bißchen hart?« meinte George.

»Du und deine Gutmütigkeit! Natürlich war es hart! Aber wo kommen wir hin, wenn sie glauben, sie können tun und lassen, was sie wollen? In diesem speziellen Fall hätte es unter Umständen einen ganz schönen Wirbel gegeben.«

»Da hast du allerdings recht – aber das wissen sie nicht. Also bist du für sie schlichtweg der große, böse Wolf, der sie nur so zum Spaß schikaniert.«

»Ich werd's ertragen!« Er trat in die Hütte zurück und sagte: »Ich muß Sie alle bitten, diesen Raum nicht zu verlassen – ausgenommen George und Alex. Und Giacomo.«

Giacomo, der mit dem Kopf auf den Armen am Tisch gesessen hatte, blickte verschlafen auf: »Ich gehe bestimmt nirgendwohin!« Damit ließ er den Kopf wieder sinken.

»Ich darf auch nicht raus?« fragte Michael.

»Nein.«

»Warum nicht?«

»Darum nicht!« antwortete Petersen kurzangebunden und machte sich daran, in einer Ecke des Raumes sein Lager aufzuschlagen. Er legte sich hin, sagte »bis nachher, George«, und schloß die Augen.

Als er zwei Stunden später wieder aufwachte, saß George wie vorher mit der Bierflasche in der

Hand da. Die drei Gefangenen waren ebenfalls wach. Petersen stand auf und weckte die übrigen.

»Wir fahren bald. Trinken Sie noch schnell einen Schluck – dann geht's los.«

Major Massamo, der seit der Entfernung seines Knebels noch kein einziges Wort gesprochen hatte, fragte: »Nehmen Sie uns mit?«

»Nein – Sie bleiben hier. Gefesselt, aber nicht geknebelt. Hier draußen können Sie sich die Seele aus dem Hals brüllen, ohne daß Sie jemand hört.« Er hob die Hand, um jeden Protest im Keim zu ersticken. »Keine Sorge – Sie werden nicht erfrieren! Eine Stunde nach unserer Abfahrt werde ich den nächsten Armeestützpunkt benachrichtigen. Er befindet sich nur etwa fünf Kilometer von hier, und Ihr Rettungskommando müßte demzufolge eine Viertelstunde danach hier sein.«

»Überaus freundlich von Ihnen.« Massamo lächelte dünn. »Schließlich könnten Sie uns ja auch erschießen ...«

»Wir haben zwar in Ihrem Fall energisch durchgegriffen, um zu bekommen, was wir wollten – aber erschießen würden wir Angehörige einer verbündeten Nation niemals! Wir sind schließlich keine Barbaren!«

Kurze Zeit später trat Petersen zu den frisch verschnürten Gefangenen: »Das Feuer brennt, Funken können keine sprühen – es besteht also

nicht die Gefahr, daß Sie bei lebendigem Leib verbrennen –, und in spätestens anderthalb Stunden wird man Sie befreien. Leben Sie wohl.«
Keiner der drei antwortete.
Petersen verließ, gefolgt von den anderen, die Hütte und bog um die Ecke.
»Oh, ein neuer Lastwagen!« rief Sarina.
»Verstehen Sie jetzt, warum ich Sie vorhin zurückbeordern mußte? Bei einem Spaziergang hätten Sie ihn sicher entdeckt und nach Ihrer Rückkehr davon erzählt – womit wir gezwungen gewesen wären, Major Massamo und seine Leute weiterhin mitzuschleifen, denn wir hätten ja nicht riskieren können, daß der Kommandant unmittelbar nach seiner Befreiung zusätzlich zur Suche nach dem ersten auch noch die Fahndung nach diesem Fahrzeug hier einleitete!«
»Besteht die Möglichkeit, daß man den Lastwagen aus Ploče findet?« fragte Giacomo.
»Nicht, wenn sich nicht jemand einbildet, er müsse unbedingt in der eiskalten Neretva tauchen gehen: Das Wasser ist an einer gewissen Stelle sehr tief! Das hat mir ein Fischer verraten.«
»Kann man ihn von oben sehen?«
»Nein. Das Wasser ist in dieser Jahreszeit braun und schlammig.«
»Und von wem hast du dieses schnittige Modell?« fragte George. »Doch sicher nicht von der italienischen Armee!«

»Kaum. Von meinem Freund, dem Fischer, dem zufällig auch die Garage gehört, bei der ich auf dem Herweg angehalten habe. Die Armee hat in dieser Gegend keine Werkstätten – und wenn mal eine Reparatur anfällt, dann erledigt er die für sie. Er hatte auch ein paar Zivillastwagen da – aber wir waren beide der Ansicht, daß dieser hier für unseren Zweck passender ist.«

»Wird man deinem Freund keine Fragen stellen?«

»Bestimmt nicht. Wir haben vorsichtshalber das Vorhängeschloß am Garagentor aufgebrochen. Morgen ist Sonntag – da kommt eh keiner vorbei –, und Montag früh wird mein Freund dann, wie es sich für einen braven Gesinnungsgenossen gehört, zum italienischen Armeestützpunkt pilgern und einen Einbruch und den Diebstahl eines Armeefahrzeugs melden. Die werden dann zwei und zwei zusammenzählen und zwangsläufig auf uns kommen!«

»Und was wird, wenn die Suchaktion anläuft?« fragte Sarina.

»Montag morgen sind wir schon über alle Berge!«

Der neue Lastwagen war viel bequemer als der alte – und er lief auch viel leiser.

Als sie ein Stück gefahren waren, sagte Sarina: »Ich muß sagen, Sie haben eine merkwürdige Einstellung zum Eigentum Ihrer Verbündeten!«

»Unserer Verbündeten«, korrigierte Petersen.

»Was? O ja – natürlich!«
Petersen sah unverwandt nach vorn. Sein Gesicht verriet durch keine Regung, was in seinem Kopf vorging. Plötzlich fragte er: »Erinnern Sie sich noch daran, was George gestern in dem Berggasthof gesagt hat, wo wir zu Mittag gegessen haben?«
»Er hat sehr viel gesagt.«
»Ich meine das, was er über unsere Verbündeten gesagt hat.«
»Nicht mehr genau.«
»Dann werde ich Ihr Gedächtnis ein wenig auffrischen: Er hat gesagt, daß wir mit den Deutschen kämpfen, aber nicht für sie. Dasselbe gilt für die Italiener: Sie sind ebenfalls nur Mittel zum Zweck! Inzwischen hat sich nun ein Interessenkonflikt zwischen den Italienern und den Deutschen auf der einen und uns auf der anderen Seite ergeben – und unsere Interessen stehen für uns selbstverständlich an erster Stelle!«
Nach einem kurzen Schweigen fragte Lorraine: »Wer wird wohl diesen schrecklichen Krieg gewinnen?«
»Wir natürlich!«

Als sie Capljina erreichten, war es bereits dunkel. Sie wurden wieder an einer Straßensperre aufgehalten, konnten jedoch nach der üblichen Routinekontrolle sofort weiterfahren. Nachdem sie noch zwei weitere Überprüfungen ohne großen

Aufenthalt hinter sich gebracht hatten, fuhr Petersen auf einen Parkplatz: »Bitte, steigen Sie jetzt nach hinten um! Es ist zwar kälter, aber dagegen helfen sicher die Decken, die mir mein Freund, der Fischer, mitgegeben hat.«

»Warum quartieren Sie uns denn jetzt plötzlich aus?« fragte Sarina.

»Weil ich ein vorsichtiger Mensch bin: Ihre Beschreibung muß bald rausgehen.«

»Wieso? Sie haben doch noch gar nicht telefoniert!« sagte Lorraine. Sie schaute auf ihre Uhr: »Mein Gott, so spät schon!« Sie sah Petersen vorwurfsvoll an: »Sie hatten Major Massamo doch versprochen, eine Stunde nach unserer Abfahrt bei dem Armeestützpunkt anzurufen!«

»Das hat ein Freund für mich erledigt. Ich wollte nicht unnötig Zeit verlieren!«

Petersen stieg mit aus, wartete, bis sich die Planen hinter den beiden Frauen geschlossen hatten, und kletterte wieder hinters Lenkrad.

Nachdem er noch zwei Straßensperren passiert hatte, an denen man ihn einfach durchgewinkt hatte, erreichte er schließlich Mostar. Er fuhr bis zur Stadtmitte, überquerte den Fluß, bog nach rechts ab und hielt ein paar Minuten später an. Er stieg aus und ging nach hinten: »Alles drinbleiben! Ich bin in einer Viertelstunde wieder da.«

»Wo sind wir denn?« fragte Giacomo.

»Auf einem öffentlichen Parkplatz in Mostar.«

»Ist das nicht ein bißchen zu öffentlich?« Das war natürlich Sarina.

»Je öffentlicher, um so unauffälliger!«

Bevor er die Plane wieder fallen ließ, meldete sich noch schnell George zu Wort: »Bitte sag Josip, daß ich seit Tagen nichts gegessen und getrunken habe!«

»Das brauche ich doch nicht – schließlich kennt er dich ja!«

Als Petersen zurückkam, saß er in einem kleinen Fiat-Bus mit vierzehn Sitzplätzen, der seine beste Zeit etwa in der Mitte der zwanziger Jahre gehabt haben mußte. Der Fahrer war ein kleiner, drahtiger Mann mit dunklem Teint, einem kühn geschwungenen Schnurrbart und flinken braunen Augen.

»Das ist Josip«, stellte Petersen vor. Der kleine Mann begrüßte George und Alex mit überströmender Herzlichkeit: Sie waren offensichtlich alte Bekannte.

»Alles Gepäck in den Bus!« kommandierte Petersen. »Josip möchte keinen italienischen Armeelaster vor seinem Hotel stehen haben!«

»Hotel?« fragte Sarina. »Wir werden in einem Hotel übernachten?«

»Wer mit uns reist«, erklärte George großspurig, »hat nur das Beste zu erwarten!«

Josip stellte den Fiat in einer Garage ab, ging dann den anderen voran eine schmale, gewundene Gasse entlang und blieb schließlich vor einer massiven Holztür stehen. Sarina sah Petersen fragend an: Nach einer Luxusherberge sah das nun ganz und gar nicht aus!

»Das ist der Hintereingang«, erklärte Petersen. »Es könnte Aufmerksamkeit erregen, wenn wir alle auf einmal durch den Vordereingang in das Hotel strömten.«

Durch einen kurzen Flur gelangten sie in die Halle, die zwar klein, aber hell und sauber war.

»Ich zeige Ihnen am besten gleich mal Ihre Zimmer«, sagte Josip freundlich. »Wenn Sie sich etwas frisch gemacht haben, gibt es Abendessen. Wir haben zwar weder Hummer noch Kaviar – aber Sie werden bestimmt nicht hungrig ins Bett gehen!«

»In meinem geschwächten Zustand schaffe ich die Treppen nie!« sagte George und nickte in Richtung eines Durchgangs. »Ich glaube, ich werde lieber da drin aufs Essen warten.«

»Der Barmann hat heute abend frei, Professor – Sie werden sich selbst bedienen müssen.«

»Das werde ich hoffentlich grade noch schaffen!«

Oben im Flur wandte sich Sarina an Petersen und fragte leise: »Warum hat Ihr Freund ›Professor‹ zu George gesagt?«

»Ach – das ist nur ein Spitzname, den er wegen seines oft so altväterlichen Gehabes verpaßt bekommen hat!«

Das Abendessen grenzte an ein Wunder. Es erwies sich wieder einmal, daß die bosnischen Gastwirte nicht umsonst für ihre Fähigkeit bekannt waren, aus ungeahnten Quellen schier Unmögliches herbeizuzaubern! Es gab dalmatinischen Schinken, Meeräsche mit einem exzellenten Weißwein und Wild, zu dem einer der bekannt guten Neretva-Rotweine serviert wurde.

Die Mahlzeit hatte eine verblüffende Nebenwirkung: George sprach, nachdem er düster bemerkt hatte, daß man ja nie wissen könne, was die Zukunft brächte, geschlagene fünfzehn Minuten kein einziges Wort. Er war ja von Hause aus schon mit einem bemerkenswerten Appetit gesegnet – aber diesmal übertraf er sich selbst bei weitem!

Außer George, seinen beiden Kameraden und ihrem Gastgeber saß noch Marija, Josips Frau, mit am Tisch: klein und dunkelhaarig wie ihr Mann – und ebenso unbeschwert! Sie musterte Michael und Sarina, die in einiger Entfernung an einem kleinen Tisch saßen, und dann Lorraine und Giacomo, die sich an einem anderen niedergelassen hatten. Schließlich sagte sie leise: »Deine Freunde sind aber sehr schweigsam!«

»Das ist nicht weiter verwunderlich: Giacomo ist ein sturmerprobter Kämpfer, aber die Zwillinge und die junge Dame befinden sich in einer völlig ungewohnten Lage – und wie George vorhin sehr richtig sagte, kann man nie wissen, was die Zukunft bringt: Vielleicht müssen sie schon morgen alle sterben!«

»Du vielleicht auch«, bemerkte Josip trocken. »Auf dem Markt – wir Hoteliers verbringen einen großen Teil unserer Zeit dort – habe ich gehört, daß eine Gruppe von Partisanen die italienische Garnison in Prozor umgangen hat, das Rama-Tal hinuntergezogen ist und jetzt von den Hügeln aus die Straße zwischen hier und Jablanica überwacht. Vielleicht sitzen sie auch mitten auf der Fahrbahn. Denen ist alles zuzutrauen! Was hast du denn morgen vor – oder ist diese Frage indiskret?«

»Nicht im geringsten! Wir müssen uns natürlich in die Berge vorarbeiten – aber die drei jungen Leute machen mir nicht den Eindruck, als könnten sie klettern wie Gemsen. Also werden wir so weit wie möglich mit dem Lastwagen fahren. Auf der Straße nach Jablanica!«

»Und wenn ihr den Partisanen in die Hände fallt?«

»Dann sehen wir weiter.«

Als sie fertiggegessen hatten, kamen Giacomo und Lorraine an den großen Tisch. »Heute nachmittag haben Sie es verboten«, sagte Lorraine, »aber vielleicht gestatten Sie jetzt, daß ich einen kleinen Spaziergang mache?«

»Leider muß ich Sie schon wieder enttäuschen: Wir befinden uns im Krieg, Sie sind eine schöne junge Frau – und die Straßen sind unsicher durch Soldaten, die verständlicherweise ausgehungert sind nach weiblichen Reizen. Aber selbst wenn wir davon absehen: Sollten Sie von einer Patrouille aufgehalten werden, könnten Sie sich mit den Leuten überhaupt nicht verständigen.«

»Giacomo wird mich begleiten. Sie werden wohl nicht bestreiten, daß er als Schutz durchaus genügt – und er kann, wenn es wirklich nötig werden sollte, auch als Dolmetscher fungieren.«

»Wenn Sie unbedingt in die eiskalte Nacht hinaus wollen, werde ich mitkommen!«

»Das möchte ich aber nicht!«

»Wann wirst du endlich begreifen, daß sie dich nicht mag?« grinste George. »Aber George mögen alle! Den dicken, fröhlichen, sympathischen George. Also werde ich mitkommen!«

»Das will ich auch nicht!«

Petersen hustete, um sein Lachen zu kaschieren.

»Der Major hat recht, junge Dame«, mischte sich Josip ein. »Ihr Freund Giacomo sieht zwar wirklich aus, als würde er mit jedem Gegner fertig – aber es gibt Straßen hier, in die sich nach Einbruch der Dunkelheit nicht einmal die Polizeipatrouillen trauen. Wie wär's, wenn ich mitkäme: Ich weiß, wo es gefährlich ist und wo nicht.«

Lorraine nickte: »Das ist sehr freundlich von Ihnen!«

»Haben Sie etwas dagegen, wenn wir auch mitkommen?« fragte Sarina, die mit Michael ebenfalls an den Tisch getreten war.
»Natürlich nicht.«
Kurz darauf verschwanden alle fünf dick eingemummt nach draußen. Marija stand auf, um die Tische abzuräumen, und George sagte: »Was meint ihr – sollen wir uns zurückziehen?«
»So früh schon?«
»Ich meine doch in die Bar!« Er ging voraus und bezog hinter der Theke Stellung. »Diese Lorraine ist doch ein merkwürdiges Wesen: Warum wollte sie jetzt wohl partout spazierengehen? Sie macht doch nicht gerade den Eindruck einer Frischluftfanatikerin oder einer Frau, die unbedingt körperliche Bewegung braucht.«
»Sarina auch nicht!«
George griff nach einer Flasche Rotwein: »Gestehen wir uns endlich ein, daß wir mit den geheimnisvollen Beweggründen junger Damen nicht vertraut sind und wenden wir uns diesem edlen Tropfen zu.«
»Zumindest Sarinas Beweggrund ist völlig klar«, sagte Alex. Petersen und George sahen ihn verblüfft an. »Das Mädchen mißtraut doch allen und jedem! Sie hat sich zwar anscheinend mit Lorraine angefreundet – aber offensichtlich will sie sie sicherheitshalber doch nicht aus den Augen lassen!«
George nickte: »Wahrscheinlich hast du recht.«

Die fünf Spaziergänger waren zurück, bevor Petersen und seine Freunde die Flasche Wein ausgetrunken hatten. Die Mädchen und Michael hatten blaugefrorene Gesichter, und Lorraine klapperte hörbar mit den Zähnen.
»Na – war's schön?« fragte Petersen.
»Sehr schön!« antwortete Lorraine patzig. »Wann fahren wir morgen früh los?«
»Um sechs.«
»Um sechs!?«
»Wenn Ihnen das zu spät ist ...«
Sie schoß ihm einen giftigen Blick zu und wandte sich an Sarina: »Kommen Sie mit nach oben?«
»Gehen Sie schon vor – ich komme gleich.«
Lorraine verschwand ohne ein weiteres Wort, und George sagte zu Sarina: »Wenn Sie einen kleinen Schlummertrunk mögen, kann ich Ihnen diesen Maraschino aus Zadar wärmstens ...«
Sie hörte gar nicht zu. »Sie haben mich angelogen!« fuhr sie Petersen an.
»Tatsächlich?«
»Sie haben behauptet, ›Professor‹ sei nur ein Spitzname für George! Dabei war er Dekan und Professor für abendländische Sprachen an der Universität von Belgrad!«
»Donnerwetter! Wie haben Sie denn das herausbekommen?« lächelte Petersen.
Sie blitzte ihn triumphierend an: »Ich habe Josip gefragt!«

»Schlaues Mädchen! Aber diese Eröffnung muß ja ein regelrechter Schock für Sie gewesen sein: Sie hätten George doch viel eher in der Portiersloge angesiedelt, nicht wahr?«
Man sah ihr an, daß er genau ins Schwarze getroffen hatte, aber sie überging es einfach: »Warum haben Sie mich angelogen?«
»Weil George es nicht mag, wenn man seine bescheidenen akademischen Fähigkeiten in der Gegend herumposaunt. Gegen Sie ist er doch nur ein kleines Licht: Er hat nie die schwindelnden Höhen eines abgeschlossenen Wirtschaftsstudiums in Kairo erklommen – und auch in politischen Wissenschaften kann er kein Diplom vorweisen!«
»Wie ungeheuer witzig!« fauchte Sarina. »Sie können sich Ihre Ironie ruhig sparen. Ich habe auch keinen Abschluß!«
»Ich bitte um Entschuldigung!«
Sie wandte sich an George: »Was tun Sie, um Himmels willen, als gewöhnlicher Soldat ...«
George schien vor lauter Würde ein paar Zentimeter größer zu werden: »Ich bin ein absolut ungewöhnlicher Soldat!«
»Ich meine ... ein Dekan ... ein Professor ...«
George schüttelte betrübt den Kopf: »Vergangen, vergessen, vorbei ...«

5

Petersen wachte davon auf, daß etwas Kaltes, Hartes gegen seine Schläfe gedrückt wurde. Er lag auf dem Rücken. Seine Augen öffneten sich langsam und suchten die Uhr an der gegenüberliegenden Wand. Es war halb vier. Dann wandte er den Blick nach rechts und sah den Mann neben seinem Bett sitzen, der ihn mit seiner Pistole geweckt hatte.

Er war Anfang Dreißig, trug einen gutgeschnittenen, grauen Anzug, hatte einen sorgfältig gepflegten Schnurrbart und blaßgraue Augen, deren Kälte in krassem Gegensatz zu seinem liebenswürdigen Lächeln stand.

»Ist es wirklich nötig, das Ding da auf meinen Kopf zu richten?« fragte Petersen nach einem Blick in Richtung Tür. »Immerhin steht es doch eins zu vier!«

Die drei Begleiter des nächtlichen Besuchers sahen aus wie Landstreicher, die man als Soldaten verkleidet hatte – aber die Tatsache, daß jeder mit einer Maschinenpistole bewaffnet war, verlieh der Maskerade doch einen gewissen Ernst.

»Wenn Sie mir sagen, wo Sie Ihre Waffe haben, nehme ich meine weg«, lächelte der Fremde.
»Unter dem Kopfkissen.«
»Dachte ich mir's doch.« Der Mann zog die Pistole unter dem Kissen hervor und steckte beide Waffen ein.
Petersen setzte sich auf: »Wie sind Sie überhaupt reingekommen? Ich hatte doch abgeschlossen!«
»Signor Pijade war so freundlich, uns den Schlüssel zu geben.«
Pijade war Josips Nachname.
»Ach ja?«
»Man kann heutzutage eben niemandem trauen.«
»Scheint so.«
»Wie ich feststelle, hat man Sie mir sehr zutreffend beschrieben: Sie haben wirklich eine bemerkenswerte Seelenruhe! Interessiert es Sie eigentlich gar nicht, wer ich bin?«
»Warum sollte es?«
»Ich sage es Ihnen trotzdem: Mein Name ist Cipriano. Vielleicht haben Sie schon von mir gehört.«
»Ja – gestern. Ich weiß zwar, daß man einen kranken Menschen eigentlich bedauern sollte – aber in Ihrem Fall bereitet mir das ernsthafte Schwierigkeiten.«
»Ich soll krank sein?« Cipriano sah ihn verständnislos an. »Ich bin in bester Verfassung!«

»Körperlich sicher – aber in anderer Hinsicht steht es zweifellos schlecht um Sie: Jeder, der für Granelli arbeitet und einen Sadisten wie Alessandro anheuert, muß selbst ein krankhafter Sadist sein!«
»Ach ja«, sagte Cipriano scheinbar vollkommen ungerührt. »Da Sie gerade von Alessandro sprechen: Ich soll Ihnen etwas von ihm ausrichten.«
»Sie haben ihn gesehen?« Petersen gestattete sich, leichte Überraschung zu zeigen.
»Nein – leider nicht. Er sitzt immer noch in der zugeschweißten Kabine auf der ›Columbus‹. Aber ich habe mit ihm gesprochen. Er läßt Ihnen sagen, sollte er Sie jemals wiedersehen, würden Sie eines sehr langsamen Todes sterben.«
»Da hat er sich wohl ein bißchen viel vorgenommen. Ich würde ihn niederschießen wie einen tollwütigen Hund!«
»Warum denn so heftig? Das paßt gar nicht zu Ihnen!«
»Sie werden es nicht für möglich halten: Es gibt Dinge, die sogar mich aus der Ruhe bringen!«
»Aber warum ausgerechnet Alessandro?«
»Ja, wissen Sie denn nicht, mit welchen Mitteln Ihre eigenen Leute arbeiten?«
»Das kann ich Ihnen erst beantworten, wenn Sie mir sagen, von welchen Sie sprechen.«
»Sie wußten über die Betäubungsgranaten Bescheid?«

»Ja.«
»Und auch über das Skopolamin?«
»Ja.«
»Dann wußten Sie bestimmt auch von den Ampullen, deren Inhalt für den, der ihn injiziert bekommt, einen qualvollen Tod bedeutet.«
»Ich habe keine Ahnung, wovon Sie reden!«
»Darf ich aufstehen?« Cipriano nickte. Petersen ging zu seinem Rucksack hinüber, holte den Metallkasten, den er bei Alessandro gefunden hatte, und gab ihn Cipriano: »Nehmen Sie das mit und lassen Sie die Flüssigkeit in den Ampullen analysieren. Von Selbstversuchen rate ich dringendst ab. Ich drohte Ihrem Freund, ihm den Inhalt der Ampulle, die jetzt fehlt, zu injizieren, worauf er vor lauter Angst in Ohnmacht fiel!«
»Aber von mir hat er diesen Kasten nicht!«
»Woher dann?«
»Ich weiß es nicht.«
»Sind Sie sicher?« fragte Petersen mit deutlichem Zweifel in der Stimme.
»Allerdings.«
»Na schön. Wechseln wir das Thema: Was wollen Sie von mir?«
»Nur, daß Sie mitkommen.«

Unten im Speiseraum erwarteten sie schon Petersens sechs Begleiter – unter der Bewachung eines jungen italienischen Offiziers und vier bewaffneter Soldaten.

Cipriano sagte: »Bleiben Sie hier! Ich bin sicher, Sie werden klug genug sein, keine Dummheiten zu machen. Wir sind gleich wieder zurück.«
George saß – den unvermeidlichen Bierkrug in der Hand – so gelassen in einem Sessel, als befände er sich auf einer Party. In Alex' Augen glitzerte Mordlust. Giacomo sah nachdenklich vor sich hin. Sarina hatte die Lippen fest aufeinandergepreßt und war sehr blaß, während ihr Bruder mit dem Ausdruck hilfloser Wut neben ihr stand. Lorraines Gesicht zeigte keinerlei Regung.
Petersen schüttelte den Kopf. »Das ist ja großartig: Major Cipriano hat es doch tatsächlich geschafft, uns alle zu überrumpeln! Das kommt davon, wenn man sich zu sicher fühlt!«
»Das war Major Cipriano?« fragte George. »Den hatte ich mir ganz anders vorgestellt!«
»Ich auch! Aber das ändert nichts an der Situation. Ich bin nur froh, daß offensichtlich niemand verletzt worden ist.«
»Das ist ja wohl kaum Ihr Verdienst!« fuhr Sarina ihn an.
Petersen sah sie an: »Ich weiß gar nicht, weshalb Sie sich so aufregen: Sie und Lorraine haben doch die ganze Zeit darauf gelauert, daß ich einen Fehler mache – und dieser Fall ist jetzt eingetreten. Sie müßten doch eigentlich hochzufrieden sein!«
Sarina sah aus, als würde sie ihm am liebsten an

die Gurgel springen. Er drehte sich zu Alex um: »Wie haben sie es denn geschafft, dich zu überrumpeln? Du hörst doch sogar ein Blatt vom Baum fallen!«

»Einer der Herren hielt eine Pistole an Sarinas Schläfe!«

»Verstehe. Wo ist eigentlich unser Freund Josip?«

»Der dürfte doch wohl eher Ciprianos Freund sein«, sagte Sarina beißend.

»Was soll denn das nun schon wieder heißen?« fuhr Petersen sie an.

»Na ja – schließlich hat doch irgend jemand offensichtlich verraten, wo wir zu finden sind, die Männer ins Haus gelassen und ihnen den Zutritt zu unseren Zimmern ermöglicht!«

»Eines Tages«, knurrte Petersen, »wird irgend jemand Sie übers Knie legen, junge Dame. Sie sollten sich wirklich abgewöhnen, so vorschnell zu urteilen. Josip hat uns bestimmt nicht verraten – aber vielleicht waren Sie es!«

»Ich?« Sie starrte ihn entgeistert an.

»Warum nicht?«

»Sie müssen verrückt sein!«

»Lassen Sie meine Schwester in Ruhe!« fuhr Michael auf. »Was glauben Sie, wer Sie sind?«

»Ein Armeeoffizier, der gute Lust hätte, einem vorlauten Jungen die Grundregeln der Disziplin beizubringen – aber dazu ist jetzt wohl kaum der richtige Augenblick.«

»Hören Sie, Petersen ...«
»Für Sie immer noch Major Petersen! Oder Sir!«
Damit ließ er den jungen Mann stehen und ging zu Alex hinüber. Er hatte noch keine drei Sätze mit ihm gewechselt, als sich ihr junger, italienischer Bewacher einmischte. »Schluß!« sagte er scharf.
Petersen sah ihn fragend an: »Was ist denn los?«
»Sie sollen aufhören zu reden!«
»Aber warum denn? Sie haben mich doch auch mit den beiden jungen Leuten sprechen lassen.«
»Das habe ich ja auch verstanden – aber ich kann nicht serbokroatisch!«
»Bin ich für Ihre Bildungslücken verantwortlich? Aber ich kann Sie beruhigen: Wir sind nicht so verrückt, einen Angriff auf Sie zu planen – dazu sind Sie zu gut bewaffnet. Welchen Rang haben Sie übrigens?«
»Leutnant.«
»Als Leutnant sind Sie nicht berechtigt, einem Major Befehle zu erteilen!«
»Sie sind schließlich mein Gefangener!«
»Irrtum! Wenn überhaupt, dann bin ich Major Ciprianos Gefangener! Also spielen Sie sich gefälligst nicht so auf!«
Der junge Offizier war so verblüfft über Petersens autoritäres Auftreten, daß er keinen Ton mehr sagte.

Das Gespräch zwischen Petersen und Alex dauerte kaum eine Minute. Dann holte Petersen eine Flasche Wein und ein Glas aus der Bar und setzte sich zu George an den Tisch. Sie unterhielten sich leise – und sie sprachen immer noch, als Cipriano mit seinen Soldaten, Josip und Marija zurückkam. Ciprianos verbindliches Lächeln wirkte jetzt etwas gezwungen.

»Ich freue mich zu sehen, daß Sie sich wohlfühlen.«

»Man muß eben aus jeder Situation das beste machen«, meinte Petersen und füllte sein Glas erneut. »Haben Sie auch Lust auf einen Schluck? Vielleicht erleichtert das Ihnen die Entschuldigung, die uns zweifellos zusteht.«

»Danke, ich möchte nichts trinken – aber entschuldigen möchte ich mich trotzdem. Ich habe gerade ein Telefongespräch geführt.«

»Natürlich mit Ihrem Hauptquartier.«

»Woher wissen Sie das?«

»Ich bin schließlich im gleichen Metier tätig – und auch bei uns sind Falschmeldungen an der Tagesordnung.«

»Ich bedauere wirklich sehr, Sie wegen eines blinden Alarms belästigt zu haben.«

»Wodurch wurde er denn ausgelöst?«

»Im Hauptquartier in Rom wurden wichtige Unterlagen vermißt, und irgendein Genie aus General Granellis Stab vermutete, daß sie entweder Ihnen oder einem Ihrer Leute in die Hände

gefallen seien. Es handelt sich um streng geheime Unterlagen.«
»Verschwundene Unterlagen sind immer streng geheim!« grinste Petersen. »Ich habe selbst welche dabei – aber ich versichere Ihnen, daß die nicht gestohlen sind.«
»Darüber weiß ich Bescheid«, lächelte Cipriano. »Aber das wird Sie sicher nicht überraschen. Was diese angeblich verschwundenen Papiere aus Rom betrifft, so hat sich herausgestellt, daß sie lediglich irrtümlich falsch abgelegt wurden. Ich wünsche Ihnen für den Rest der Nacht noch einen ruhigen Schlaf. Adieu, Major Petersen.«
Petersen nahm die ausgestreckte Hand: »Adieu – und bitte grüßen Sie Oberst Lunz.«
Cipriano runzelte die Stirn: »Mein Kontakt zu ihm ist nur sehr sporadisch.«
»Dann grüßen Sie Alessandro – zu dem ist Ihr Kontakt sicher intensiver!«
Cipriano hielt es offenbar für klüger, sich dazu nicht zu äußern, denn er wandte sich ohne ein weiteres Wort an Josip und nahm seine Hand: »Vielen Dank, Signor Pijade. Sie sind uns eine große Hilfe gewesen. Wir werden das nicht vergessen.«
Sarina brach das Schweigen, das auf Ciprianos Abgang folgte, mit kaltem Hohn: »Vielen Dank, Signor Pijade! Sie sind uns eine große Hilfe gewesen! Wir werden das nicht vergessen!«
Josip sah sie verwirrt an und wandte sich dann

an Petersen: »Spricht die junge Dame mit mir?«
»Es hat den Anschein.«
»Das verstehe ich nicht.«
»Fräulein von Granholm hat den lächerlichen Verdacht, daß du uns Cipriano auf den Hals gehetzt hast!«
Marija machte drei schnelle Schritte vorwärts und blieb ganz dicht vor Sarina stehen. Sie hatte die Hände zu Fäusten geballt, und ihre Augen sprühten Blitze. »So ein schönes Gesicht«, fauchte sie. »Ich hätte gute Lust, es mit meinen Fingernägeln zu bearbeiten – aber wahrscheinlich reichen bei einer so unverschämten Rotznase wie Ihnen auch ein paar kräftige Ohrfeigen, um Sie wieder zur Räson zu bringen.« Sarina schien unter Marijas vernichtendem Blick regelrecht zusammenzuschrumpfen.
»Ein Soldat stieß mir die Mündung seiner Pistole in den Nacken – und dann sagte er, mein Mann hätte drei Sekunden Zeit, den Hauptschlüssel herauszugeben. Wollen Sie es meinem Mann zum Vorwurf machen, daß er mein Leben retten wollte?«
Sarina schüttelte langsam den Kopf. »Es tut mir leid, Marija – es tut mir wirklich leid!« Sie lächelte schwach. »Ich bin auch mit einer Waffe bedroht worden. Vielleicht hat das mein Denkvermögen beeinträchtigt.«
Die Wut in Marijas Augen wich einem nach-

denklichen Ausdruck, der sich schließlich in Mitgefühl wandelte. Sie nahm Sarina in die Arme und strich ihr tröstend über das Haar. »Ich glaube, wir können alle nicht ganz klar denken. George!« sagte sie über Sarinas Schulter hinweg. »Was würdest du als Stärkung empfehlen?«

»Sliwowitz!« antwortete er wie aus der Pistole geschossen. »Ich hole ihn schon.«

Josip rieb sich das Kinn. »Hast du eine Ahnung, wer geredet haben könnte, Peter?«

»Eine Ahnung? Nein! Aber ich weiß, wer uns verraten hat!«

»Du weißt?« Josip drehte sich zur Bar um, wo George ein Tablett vorbereitete, nahm eine Flasche Sliwowitz, die schon darauf stand, füllte ein kleines Glas, leerte es in einem Zug und fragte: »Wer?«

»Das kann ich im Augenblick noch nicht sagen – aber nicht etwa, weil ich die Spannung auf den Höhepunkt treiben oder dem Schuldigen Gelegenheit geben will, sich aufzuhängen, sondern weil ich es noch nicht beweisen kann. Ich bin nicht einmal sicher, ob ich es überhaupt beweisen will! Die betreffende Person ist möglicherweise ganz unfreiwillig zum Verräter geworden. Im Gegensatz zu unserer lieben Sarina bin ich kein Freund von übereilten Schlüssen.«

»Peter!« sagte Marija mit warnendem Unterton.«

»Tut mir leid! Ich kann es einfach nicht lassen!«

Er wandte sich an Giacomo: »Haben Sie Zeit zu einem kurzen Gespräch?«
»Hätte ich denn eine Wahl?« grinste Giacomo.
»Natürlich – Sie können jederzeit ›nein‹ sagen.«
Giacomo lächelte breit und stand auf. »Josip – könnte ich vielleicht eine Flasche von Ihrem exzellenten Rotwein kaufen?«
Josip war fast beleidigt: »Peter Petersens Freunde bezahlen doch bei mir nicht!«
»Ich danke Ihnen für Ihr Vertrauen«, sagte Giacomo. »Und natürlich auch für den Wein.« Er nahm eine Flasche und zwei Gläser vom Tresen, ging zu einem Tisch, der weitab in einer Ecke stand, ließ sich nieder, goß Wein ein und sagte bewundernd: »Diese Marija ist eine ganz erstaunliche Frau. Kennen Sie sie schon lange?«
»Sechsundzwanzig Jahre, drei Monate und ein paar Tage: Sie ist nämlich meine Cousine! Warum fragen Sie?«
»Aus reiner Neugier. Also – worum geht es?«
»Um Sie.«
»Wollen Sie meine Lebensgeschichte hören? Die können Sie haben. Sie hatten recht: Ich bin tatsächlich Montenegriner. Getauft wurde ich auf den Namen Vladimir – aber Giacomo ist mir lieber. In England nannten sie mich ›Johnny‹ – aber Giacomo ist mir auch lieber als das!«
»Sie haben in England gelebt?«
»Ich bin Engländer! Das klingt zwar erstaunlich,

ist im Grunde aber ganz einfach: Vor dem Krieg war ich Zweiter Offizier bei der jugoslawischen Handelsmarine. Als ich in Southampton ein schönes, kanadisches Mädchen kennenlernte, verließ ich das Schiff.« Er sagte das, als sei es das Selbstverständlichste von der Welt. »Ich hatte vor meinem Eintritt in die Marine eine Taucherausbildung gemacht und fand einen Job bei einem Mann, der für die Regierung arbeitete und gerade noch einen guten Taucher für seine Mannschaft suchte. Nach einiger Zeit heiratete ich dann ...«

»Das besagte Mädchen?«

»Das besagte Mädchen. Im August 1939 wurde ich naturalisiert, und als im Monat darauf der Krieg ausbrach, wurde ich Soldat. Da ich ein Kapitänspatent hatte und ein qualifizierter Taucher war, der sich zum Beispiel durch das Anbringen von Haftminen an Kriegsschiffen in feindlichen Häfen hätte nützlich machen können und prädestiniert für die Marine war, kam ich natürlich ... zur Infanterie!«

»Waren Sie mal auf Heimaturlaub?«

»Nein.«

»Dann haben Sie Ihre Frau also seit zwei Jahren nicht gesehen! Haben Sie Kinder?«

»Wir hatten Zwillinge. Zwei Mädchen. Das eine wurde tot geboren, das andere starb mit sechs Monaten. Polio.« Giacomos Stimme war völlig gelassen, fast gleichgültig. »Im Frühsommer '41

kam meine Frau bei einem Angriff der deutschen Luftwaffe auf Portsmouth ums Leben.«
Petersen sah schweigend vor sich hin. Jetzt war ihm klar, warum dieser Mann so viel lächelte!
»Ich war bei der Achten Armee«, fuhr Giacomo fort. »Fernkampftruppe. Wüsteneinsatz. Dann fand irgendein Genie schließlich heraus, daß ich eigentlich Seemann war, und ich fing bei Jellicoe's Special Boat Service in der Ägäis an.« Giacomos Vorliebe für waghalsige Einsätze war ebenso auffallend wie einleuchtend. »Dann fand dasselbe Genie heraus, daß ich eigentlich Jugoslawe war, und ich wurde nach Kairo beordert, um Lorraine zu ihrem Bestimmungsort zu begleiten.«
»Und was geschieht, wenn Sie sie abgeliefert haben?«
»Wenn Sie sie abgeliefert haben, meinen Sie wohl! Meine Auftraggeber dachten, ich wäre der beste Mann für diese Aufgabe – aber die konnten ja schließlich nicht wissen, daß ich Ihnen begegnen würde!« Giacomo füllte die Gläser erneut, lehnte sich in seinem Stuhl zurück und grinste: »Und außerdem habe ich in ganz Bosnien nicht eine einzige Cousine!«
»Sie haben meine Frage noch nicht beantwortet.«
»Ach ja – richtig: Was anschließend geschieht. Am liebsten würde ich jetzt, da Lorraine ja in besten Händen ist, auf der Stelle in die Ägäis zu-

rückfahren – aber ich brauche eine Quittung oder so was Ähnliches von diesem Mihajlović.«
Giacomo schaute nachdenklich in sein Glas: »Ich freue mich zwar, bald hier wegzukommen – vor allem, da man mir in Aussicht gestellt hat, daß ich wieder als Taucher arbeiten darf –, aber andererseits bedauere ich es, mich von Lorraine trennen zu müssen. Sie gibt sich zwar alle Mühe, es zu verbergen, aber im Grunde ist sie ein ganz liebes, warmherziges Mädchen.«
»Da muß mir was entgangen sein«, sagte Petersen sarkastisch.
Giacomo schmunzelte: »Ja – mir ist schon aufgefallen, daß Sie beide sich nicht so unbedingt grün sind. Sie dürfen sich halt nicht durch ihr arrogantes Getue täuschen lassen – das haben die Engländerinnen nun mal so an sich. Sie wissen doch, daß sie Engländerin ist, oder?«
»George hat es mir gesagt. Er war es auch, der mich darüber aufklärte, daß Sie aus Montenegro kommen.«
»Ah – unser Sprachwissenschaftler!«
»Er ist ein bemerkenswerter Linguist mit einem bemerkenswert feinen Ohr. Er könnte Ihnen wahrscheinlich sogar Ihre genaue Heimatadresse auf den Kopf zusagen.«
»Lorraine erzählte mir, daß Sie diesen Hauptmann Harrison kennen, für den sie arbeiten wird.«
»Ja – ich kenne ihn sogar sehr gut.«

»Lorraine auch. Sie hat schon vor dem Krieg für ihn gearbeitet. In Rom. Er war Geschäftsführer der italienischen Niederlassung einer englischen Kugellagerfabrik. Sie war seine Sekretärin. Damals hat sie Italienisch gelernt. Sie scheint ihn sehr gern zu haben.«

Petersen stand auf: »Es war interessant, sich mit Ihnen zu unterhalten, Giacomo. Ich danke Ihnen.«

»Freut mich, wenn Sie sich nicht gelangweilt haben«, grinste Giacomo.

Petersen ging zu dem Tisch hinüber, an dem Sarina und ihr Bruder saßen: »Jetzt möchte ich mit Ihnen sprechen, Sarina. Allein!«

»Kommt nicht in Frage!« protestierte Michael. Er schob seinen Stuhl zurück und wollte aufstehen. George trat hinter ihn und legte ihm seine Pranken auf die Schultern: »Mein lieber Junge, wann werden Sie endlich lernen, Erwachsenen nicht zu widersprechen?«

Sarina stand auf und folgte Petersen hinaus. Er ging mit ihr in ihr Zimmer hinauf, ließ die Tür einen Spalt offen, sah sich flüchtig um und sog prüfend die Luft ein.

Sarina sah ihn mißtrauisch an: »Was soll das denn?«

»Ob es Ihnen nun paßt oder nicht: Ich bin für Ihre Sicherheit verantwortlich.«

»Obwohl Sie mir zutrauen, Cipriano informiert zu haben?«

»Aber das tue ich doch gar nicht! Ich wollte Ihnen mit meiner ›Verdächtigung‹ doch nur klarmachen, wie unsinnig es ist, einfach ins Blaue hinein Anschuldigungen gegen jemanden zu erheben – und wie sehr man die betreffende Person damit kränken kann.«
Sie war blutrot geworden. »Ich glaube, ich sollte wirklich ...«
»Ja – das sollten Sie! Aber wir müssen uns jetzt mit einem anderen Problem befassen.« Er unterzog die Zimmertür einer eingehenden Prüfung, zog den Schlüssel aus dem Schloß und betrachtete ihn aufmerksam.
»Haben Sie die Tür abgeschlossen, bevor Sie ins Bett gingen?«
»Natürlich!«
»Und was haben Sie mit dem Schlüssel gemacht?«
»Steckengelassen. Quer! Auf diese Weise kann man den Schlüssel von außen nicht aus dem Schlüsselloch stoßen. Das hat man uns in Kairo beigebracht.«
»Du lieber Himmel! Ihr Lehrer war wohl ein Pfadfinderanwärter!« Er zog den Schlüssel heraus. »Sehen Sie die beiden winzigen Einkerbungen auf beiden Seiten des Schlüssels?« Sie nickte. »Die stammen von einem Instrument, das von Einbrechern benutzt wird, die es für stillos halten, Türen mit einem Vorschlaghammer einzuschlagen. Sie benutzen dazu eine schmale Zange

mit Spitzen aus spezialgehärtetem Stahl. Damit kann man jeden Schlüssel im Schloß drehen. Sie hatten wahrscheinlich heute nacht Besuch.«
»Sie meinen, daß sich jemand mein Funkgerät geholt hat?«
»Jedenfalls hat es irgend jemand benutzt; und das kann er auch hier getan haben.«
»Unmöglich! Ich war zwar müde, aber ich habe einen sehr leichten Schlaf.«
»Vielleicht hat man da etwas nachgeholfen. Wie fühlten Sie sich, als Sie geweckt wurden?«
Sie zögerte. »Mir war leicht übel«, überlegte sie dann. »Aber das kam sicher von dem Schreck. Ich bin nicht gerade ein Ausbund an Tapferkeit – und außerdem war es das erste Mal, daß ich so etwas erlebte.«
»War Ihnen auch schwindlig?«
»Ja – ein bißchen.«
»Das paßt genau: Man hat Sie offensichtlich betäubt! Nicht mit Chloroform, denn das würde man jetzt noch deutlich riechen, sondern mit einem Gas, das man durch das Schlüsselloch ins Zimmer strömen ließ – und das könnte sehr gut aus der Hexenküche stammen, aus der Alessandro seine Mittelchen bezieht. Auf jeden Fall kann ich Ihnen versprechen, daß Sie heute nacht nicht mehr gestört werden. Schlafen Sie sich aus – wir fahren erst mittags weiter.«
Sie nickte, er verabschiedete sich und zog die Tür hinter sich zu.

Es verging noch fast eine Stunde, bis Petersen, George und Josip endlich allein im Speiseraum waren, denn die anderen hatten es nicht besonders eilig gehabt, sich zurückzuziehen: Erstens wirkte die nächtliche Störung noch nach, und zweitens hatte Petersen auch ihnen gesagt, daß sie in aller Ruhe ausschlafen könnten.
George, der inzwischen schon beachtliche Mengen Rotwein konsumiert hatte, machte den Eindruck, als hätte er die ganze Zeit nur Mineralwasser getrunken – sein Zigarrenkonsum jedoch wirkte sich recht unangenehm aus: Ein übelriechender, bläulicher Rauch waberte durch den Raum.
»Dein Kollege Cipriano hat sich ja ziemlich schnell verabschiedet«, bemerkte Josip.
»Er ist zwar gewissermaßen ein Kollege, aber ich habe ihn heute zum ersten Mal gesehen. Aus der Art, wie er mit dir sprach, ließ sich aber schließen, daß er für dich kein Fremder war.«
»Er war zweimal hier im Hotel – jedoch nur auf der Durchreise. Sein vertraulicher Ton sollte offenbar nur dazu dienen, bei euch Mißtrauen gegen mich zu wecken. Hast du eine Ahnung, was er heute nacht hier wollte?«
»Ich habe eine Nachricht für den Anführer der Četniks bei mir. Auf der Fahrt von Italien hierher versuchten ein paar von Ciprianos Leuten, diese Botschaft an sich zu bringen, und als das mißlang, bemühte sich Cipriano persönlich nach

Ploče. Irgend jemand verriet ihm unser Versteck, und er kam hierher – und während wir hier unten unter Bewachung saßen, suchte er oben nach der Nachricht. Ich bin sicher, daß er sie gefunden und gelesen hat – aber er wird sehr enttäuscht gewesen sein.«

»Wieso denn das?«

»Weil die Deutschen und die Italiener mir mißtrauen und angenommen haben, daß ich die Nachricht ausgetauscht oder zumindest verändert habe.«

»Was hattest du denn mit Sarina zu besprechen?« fragte George.

»Meiner Meinung nach war irgend jemand im Lauf der Nacht in ihrem Zimmer, betäubte sie und benutzte ihr Funkgerät, um Cipriano zu benachrichtigen.«

»Man hat sie betäubt?« fragte Josip entsetzt. »In meinem Hotel?«

»Das kann überall passieren«, tröstete ihn Petersen.

»Und wer war der Übeltäter?«

»Lorraine.«

»Was? Diese wunderschöne Frau?«

»Man soll sich nie von Äußerlichkeiten täuschen lassen!«

»Frauen!« seufzte George.

»Woher weißt du denn, daß sie es war?« fragte Josip.

»Weil sie nicht der frischen Luft wegen spazie-

rengegangen ist. Sie mußte etwas herausfinden. Hat sie dich recht ausgefragt, als ihr draußen wart?«
»Sie hat nur sehr wenig gesprochen.«
»Und was war das Wenige?«
»Sie sagte, sie fände es merkwürdig, daß kein Name an meinem Hotel stünde. Daraufhin sagte ich ihr, daß ich bisher noch nicht dazu gekommen sei, das Schild anzubringen und daß es ›Hotel Eden‹ heiße. Dann fiel ihr noch auf, daß kein Straßenschild da war, und ich nannte ihr den Namen der Straße.« Seine Augen weiteten sich: »Ah – ich verstehe: So hat sie den Namen des Hotels und die Adresse erfahren!«
»Genau!« Petersen stand auf. »Gehen wir ins Bett – oder hast du die Absicht, den kümmerlichen Rest der Nacht auch noch hier unten zu verbringen, George?«
George betrachtete sinnend sein Weinglas und sagte dann: »Ich glaube, ich werde noch ein bißchen meditieren.«

Um zwölf Uhr erschienen alle zum Mittagessen – bis auf einen.
»Wo ist denn der Professor?« fragte Josip.
»George ist indisponiert«, erklärte Petersen. »Er hat Magenbeschwerden. Soweit ich ihn verstanden habe, führt er sie auf das gestrige Abendessen zurück.«
»Auf das Abendessen!« empörte sich Josip. »Er

hat genau das gleiche gegessen wie alle anderen auch – wenn man von der Menge absieht –, und außer ihm ist niemand krank! Mein Essen! Von wegen! Ich weiß genau, was dem Professor fehlt: Als ich heute früh herunterkam – zwei Stunden, nachdem du ins Bett gegangen warst – saß er immer noch hier und ›meditierte‹!«

Petersen grinste. Zehn Minuten später erschien George. Er versuchte, kränklich und schwach auszusehen, aber das mißlang kläglich. »Tut mir leid, daß ich zu spät komme. Peter hat mich sicher entschuldigt. Die Krämpfe haben inzwischen etwas nachgelassen, und ich denke, es ist das beste, wenn ich eine Kleinigkeit zu mir nehme, um die Magennerven wieder ganz zu beruhigen.«

Um ein Uhr hatten Georges Magennerven sich in erstaunlicher Weise wieder erholt. In den fünfzig Minuten seit seinem Erscheinen hatte er doppelt soviel gegessen wie die übrigen und zwei Liter Wein dazu getrunken.

»Man kann Ihnen wirklich nur gratulieren, George«, sagte Giacomo todernst. »Vor einer Stunde noch schwer leidend, und jetzt ... Einfach unglaublich!«

»Ich bin in vielerlei Hinsicht eine unglaubliche Persönlichkeit«, murmelte George mit der ihm eigenen Bescheidenheit.

Petersen setzte sich auf Georges Bett: »Nun?«
»Zufriedenstellend. Ich habe zwei Dinge gefunden, die man im Gepäck einer feinen, jungen Dame nicht vermuten würde: ein kleines Lederetui mit Einbruchswerkzeugen und ein Metallkästchen mit ein paar Ampullen, die eine Flüssigkeit enthalten. Wenn man draufdrückt, verwandelt sich die Flüssigkeit in Gas. Ich habe sehr vorsichtig daran gerochen und festgestellt, daß es sich zweifellos um eine Art Betäubungsmittel handelt. Der Kasten ist übrigens eine exakte Miniaturausgabe von Alessandros. Was machen wir denn jetzt mit dem Herzchen?«
»Vorläufig gar nichts.«
»Wie du meinst.«

6

Als Petersen kurz nach zwei den gestohlenen italienischen Lastwagen durch Mostar steuerte, herrschte starkes Schneetreiben, und die Temperatur lag unter dem Gefrierpunkt. Die beiden jungen Frauen starrten schweigend geradeaus, aber das irritierte Petersen nicht im mindesten. Er fuhr gemächlich dahin, als habe er alle Zeit dieser Welt, und nachdem er eine Kontrolle in Potoci ungehindert passiert hatte, verlangsamte er die Fahrt noch weiter, was jetzt allerdings durch den Zustand der Straße bedingt war: Sie war schmal, kurvenreich und voller Risse und Schlaglöcher – und führte durch das immer enger werdende Neretva-Tal steil aufwärts. Der unsichere Untergrund, das Fehlen von Leitplanken und die schlechten Sichtverhältnisse, die gerade noch erkennen ließen, daß es auf der einen Seite senkrecht nach oben und auf der anderen ebenso nach unten ging, waren nicht gerade dazu angetan, Menschen mit Phantasie oder schlechten Nerven in Hochstimmung zu versetzen. Die beiden Mädchen sahen mit angstvoll aufgerissenen Augen nach vorn und verkrampften ihre Hände im Schoß. Petersen sah keine Möglichkeit, sie zu beruhigen, denn jede Ermutigung wäre durch die Realität Lügen gestraft worden.

Als Petersen plötzlich in eine Abzweigung einbog, die sich wunderbarerweise rechts von ihnen in der Felswand auftat, atmeten die Frauen hörbar auf. Die Straße erwies sich zwar als Schotterweg, auf dem die Hinterräder des Lastwagens immer wieder durchdrehten – aber zumindest bestand hier nicht die Gefahr, daß man in einen Abgrund stürzte. Links und rechts ragten steile Felswände empor.

Etwa fünf Minuten, nachdem sie die Hauptstraße verlassen hatten, hielt Petersen an, schaltete den Motor aus und sprang aus dem Führerhaus. »Endstation!« verkündete er. »Jedenfalls für den Lastwagen! Warten Sie – ich bin gleich wieder da.«

Er ging nach hinten, öffnete die Planen und wiederholte seine Worte. Dann verschwand er in dem wirbelnden Schnee.

Ein paar Minuten später kam er zurück. Er saß auf dem Beifahrersitz eines offenen Kleinlasters. Der Fahrer – eingemummt in einen dicken, khakifarbenen Wollmantel – war von unbestimmbarer Nationalität. Unter der Pelzmütze, die er bis über die Augenbrauen heruntergezogen hatte, sah man lediglich einen eindrucksvollen Bart

und eine Schneebrille, die auf einer Durchschnittsnase saß. Das Fahrzeug hielt, und Petersen stieg aus.
»Das ist Dominic«, stellte er vor. »Sein Wagen hat Vierradantrieb und bewältigt Wege, auf denen wir mit unserem Lastwagen unweigerlich auf der Strecke bleiben würden – aber auch dieses Geländefahrzeug kann uns nur ein paar Kilometer weiter bringen. Dominic wird zuerst die beiden Damen und unser Gepäck mitnehmen und dann zurückkommen und uns holen. Wir werden uns inzwischen zu Fuß auf den Weg machen.«
»Haben Sie sich etwa um diese Zeit hier mit Ihrem Freund verabredet?« fragte Sarina verblüfft.
»Nun – als Reiseleiter ist man doch für einen verhältnismäßig reibungslosen Ablauf verantwortlich, oder?« grinste Petersen.
»Was geschieht mit dem Lastwagen?« fragte Giacomo. »Sie werden ihn doch sicher nicht hierlassen, oder?«
»Warum denn nicht?«
»Ich dachte, es sei Ihre Gewohnheit, Fahrzeuge, die Sie nicht mehr benötigen, zu versenken.«
»Das wäre in diesem Fall unnötige Arbeit.«
»Wieso denn das?«
»Weil unser Freund Cipriano von seinem Informanten ganz sicher auch die Beschreibung dieses Lastwagens bekommen hat – und der Posten in

Potoci hatte bestimmt die Anweisung, uns unbehelligt durchzulassen. Aber jetzt wollen wir das Gepäck umladen. Es wird nämlich allmählich empfindlich kühl.«

In Windeseile wurde Dominics Gefährt beladen, die beiden Mädchen stiegen ein, und der Geländewagen war im Nu von dem Schneetreiben verschluckt.

Die fünf Männer machten sich auf den Weg, wurden aber schon fünf Minuten später von Dominic wieder aufgegriffen. Infolge des immer höher werdenden Schnees und der wachsenden Steigung kamen sie kaum schneller vorwärts als zu Fuß – und keiner der Fahrgäste war böse, als das Vehikel schließlich am Ende des Weges vor einer baufälligen Holzhütte hielt, die sich als Garage entpuppte. Drinnen erwarteten sie die beiden jungen Frauen, drei sehr junge Männer in undefinierbaren Uniformen und fünf Ponys.

»Wo, um Himmels willen, sind wir?« fragte Sarina.

»Fast am Ziel«, antwortete Petersen. »Ein gemütlicher Ritt noch von anderthalb Stunden, und wir sind da! Wir befinden uns auf dem Berg Prenj. Eigentlich ist es eher ein Bergmassiv. Die Neretva macht hier eine weite Spitzkehre und fließt auf drei Seiten darum herum, was den Prenj verteidigungstechnisch gesehen zu einem idealen Ort macht. Nur zwei Brücken führen über den Fluß: eine im Nordwesten bei Jablani-

ca, die andere im Nordosten bei Konjik – und beide sind leicht zu bewachen und zu verteidigen. Nach Südosten ist das Gelände offen – aber von dort droht keine Gefahr.«
»Sie sprachen von einem ›gemütlichen Ritt‹. Traben diese Pferde oder galoppieren sie?«
»Das sind keine Pferde, sondern Ponys – und sie werden bei dieser Gelegenheit weder traben noch galoppieren, denn dazu sind sie zu klug! Es geht nämlich bergauf – und zwar ziemlich steil!«
»Ich glaube kaum, daß ich diesen Ritt sonderlich genießen werde.«
»Dann werden Sie sich hoffentlich wenigstens an der Aussicht erfreuen!«

Es war eine halbe Stunde später – und Sarina genoß weder den Ritt noch die Aussicht. Der Pfad, der an den breitesten Stellen zwei Meter maß, war aus einer senkrechten Felswand herausgehauen worden und verlief in einer nicht endenwollenden Folge von Haarnadelwindungen steil aufwärts – und von ›Aussicht‹ konnte bei dem dichten Schneegestöber, das sie buchstäblich einhüllte, nicht die Rede sein, was sie allerdings nicht bedauerte, denn sie wußte genau, daß ein Blick in den gähnenden Abgrund ihrer Gemütsverfassung nicht gerade zuträglich gewesen wäre.
Zu Anfang hatte auch Lorraine auf einem Pony

gesessen – die anderen drei Tiere waren mit dem Gepäck beladen worden –, aber sie war bereits nach kurzer Zeit abgestiegen und stolperte nun durch den tiefen Schnee, wobei sie sich an Giacomos Arm festklammerte wie eine Ertrinkende an dem sprichwörtlichen Strohhalm.

Petersen, der neben Sarina herging, sagte: »Ich habe den Eindruck, daß Ihnen momentan nicht ganz wohl in Ihrer Haut ist.«

»Von nicht ganz wohl kann keine Rede sein!« stöhnte Sarina. »Ich habe Ihnen im Hotel in Mostar gesagt, ich sei kein Ausbund an Tapferkeit, aber das war eine glatte Lüge! Ich bin ein jämmerlicher Feigling – und ich fürchte mich zu Tode! Ich versuche zwar unentwegt, mir einzureden, daß es keinen Grund dafür gibt – aber es hilft nichts!«

»Sie sind kein Feigling!« widersprach Petersen. »Sie haben schlicht und einfach Höhenangst – und die haben sogar die tapfersten Männer! Ich kenne eine ganze Menge waghalsiger Kämpfer, die sich strikt weigern, eine Leiter hinaufzuklettern oder ein Flugzeug zu besteigen. Ich leide zwar Gott sei Dank nicht selbst darunter, aber ich weiß von anderen, daß einem schwindlig wird und man den unkontrollierbaren Wunsch hat, sich in die Tiefe zu stürzen – und ich nehme an, daß Sie in diesem speziellen Fall ständig befürchten, Ihr Pony tue bei dem nächsten Schritt einen Sprung ins Nichts. Habe ich recht?«

Sie nickte schweigend. Petersen verkniff sich die Bemerkung, daß sie unter diesen Umständen lieber hätte in Kairo bleiben sollen, und nahm statt dessen die Zügel des Ponys.

»Diese Ponys sind viel besser zu Fuß als wir Menschen«, beruhigte Petersen Sarina. »Aber wenn das Tier tatsächlich abrutschen sollte, werde ich Sie auffangen. Sie werden es schon schaffen. In einer Viertelstunde wird es Ihnen schon bedeutend besser gehen.«

»Sind wir dann von diesem verdammten Abgrund weg?« fragte sie mit zitternder Stimme.

»Ja.« Das stimmte zwar nicht, aber es würde dann so dunkel sein, daß sie die Gefahr nicht mehr so unmittelbar empfinden würde.

Es herrschte bereits tiefe Dunkelheit, als sie das Lager erreichten. Dieses bestand aus einer größeren Anzahl von Hütten und Zelten, die dicht beieinander standen und fast ausnahmslos erleuchtet waren, wenn auch nicht sehr hell, denn in dieser großen Höhe gab es keine Überlandleitung, und der Generator war ausschließlich für die Versorgung des Hauptquartiers reserviert. In den übrigen Unterkünften mußte man sich mit Öllampen, Talglichtern oder Bunkeröfen behelfen. Etwa dreihundert Meter vom Kern des provisorischen Dorfes entfernt stand eine große Wellblechhütte, die zwei Fenster hatte, aus denen heller Lichtschein nach draußen fiel.

»Wir sind da!« verkündete Petersen. Er hob das zitternde Mädchen von dem Pony, und sie klammerte sich an ihn, um nicht zu Boden zu sinken.
»Meine Beine sind wie aus Gummi«, gestand sie.
»Das gibt sich bald wieder. Sie haben Ihre Sache sehr gut gemacht!«
»Sehr gut? Ich konnte mich vor lauter Zittern kaum auf dem Tier halten!«
»Meiner Meinung nach sind Sie ein ausgesprochen tapferes Mädchen.«
»Das kann doch nicht Ihr Ernst sein!«
»Doch – das ist es.«
Sie hielt sich immer noch an ihm fest, weil sie nicht sicher war, ob ihre Beine sie schon tragen würden, und sagte nach ein paar Sekunden des Schweigens: »Und Sie sind meiner Meinung nach ein ausgesprochen netter Mann!«
»Großer Gott!« sagte er mit gespielter Besorgnis. »Der Ritt hat offenbar nicht nur Ihre Standfestigkeit beeinträchtigt!«
Sie wollte etwas erwidern, kam jedoch nicht mehr dazu: George ließ seine Faust gegen die Tür der Hütte donnern und rief: »Öffnen Sie im Namen des Gesetzes oder der Menschlichkeit oder wessen auch immer! Wir haben die Wüste durchquert und sind am Verdursten!«
Die Tür öffnete sich fast augenblicklich, und ein hochgewachsener, schlanker Mann erschien. Er

kam die beiden Stufen herunter und streckte die Hand aus: »Das kann doch nicht ...!«
»O doch – es kann!« George schüttelte ihm die Hand.
»Gütiger Himmel!« Der Mann klemmte sich ein ovales Monokel ins rechte Auge, trat auf Lorraine zu, nahm ihre Hand und führte sie mit einer schwungvollen Geste an die Lippen: »Gütiger Himmel! Lorraine Chamberlain!« Er schien zu einer längeren Rede ansetzen zu wollen, aber dann fiel sein Blick auf Petersen: »Peter – mein lieber Junge! Gut, Sie wiederzusehen! Sie können sich nicht vorstellen, wie langweilig es in den letzten zwei Wochen hier oben war!«
Petersen lächelte: »Sie werden sich gleich noch mehr freuen: George hat flüssigen Proviantnachschub besorgt! Das arme Pony, das ihn heraufgebracht hat, ist darunter schier zusammengebrochen.« Er wandte sich an Sarina: »Darf ich Ihnen Hauptmann Harrison vorstellen? Jamie – das ist Sarina von Granholm.«
Harrison schüttelte ihr überschwenglich die Hand: »Ich bin entzückt!«
Petersen sah den Engländer an: »Ich wußte übrigens gar nicht, daß Sie Lorraine schon kannten?«
Giacomo bekam einen Hustenkrampf, den Petersen jedoch geflissentlich überging.
»Oh – wir sind alte Freunde«, strahlte Harrison. »Wir haben schon vor dem Krieg zusammen gearbeitet. Es erstaunt mich, daß ich Ihnen nie da-

von erzählt habe. Wer sind denn die anderen, all die neuen Freunde, die Sie mitgebracht haben?«
Petersen stellte ihm Giacomo und Michael vor, die mit der gleichen, überströmenden Herzlichkeit begrüßt wurden. Dann sagte Harrison: »Jetzt wollen wir aber lieber hineingehen, sonst frieren wir hier draußen noch fest! Ich werde Ihre Sachen sofort holen lassen. Bitte – nach Ihnen!«
Der Raum war überraschend groß, warm, hell und fast komfortabel eingerichtet. An den Wänden standen drei Feldbetten und mehrere Schränke, es gab einen Holztisch mit sechs Stühlen und darüber hinaus den unerhörten Luxus von zwei allerdings schon ziemlich schäbigen Lehnsesseln und sogar zwei fadenscheinige Läufer. An beiden Enden des Raumes führte je eine Tür nach nebenan.
»Setzen Sie sich – setzen Sie sich!« sagte Harrison. Gleich darauf klopfte es, und das Gepäck wurde hereingebracht. George steuerte sofort auf eine Kiste zu und öffnete sie. Mit der Miene eines siegreichen Feldherrn hielt er eine Flasche hoch: »Highland Malt Whisky!«
»Highland Malt Whisky!« wiederholte Harrison ehrfürchtig. »Wo, um alles in der Welt, haben Sie denn den her?«
»Von einem Freund in Rom.« George öffnete die Flasche und goß Harrison ein Glas ein. Harrison nippte und verdrehte verzückt die Augen: »Ein

Hoch auf Ihren römischen Freund!« Dann wandte er sich an die beiden Mädchen: »Sie sehen ja völlig erschöpft aus! Die Tür da drüben führt zu dem Raum, den ich hochtrabend ›mein Schlafzimmer‹ nenne. Er ist zwar nicht größer als zwei Telefonzellen – aber es stehen immerhin zwei Betten drin. Es wird mir eine Ehre sein, Ihnen diese Luxusunterkunft zur Verfügung zu stellen. Ziehen Sie sich zurück, wann immer Sie wollen.«

»Das ist sehr freundlich«, sagte Sarina. »Aber vorher sollten wir noch Oberst Mihajlović Bericht erstatten.«

»Das hat doch nun wirklich bis morgen Zeit!« meinte Harrison.

»Ich bin sicher, daß der Oberst dafür Verständnis haben wird, wenn Sie sich erst einmal von den Strapazen der Reise erholen wollen.« Er lehnte sich zurück und sagte zu Petersen: »Und nun möchte ich wissen, was Sie in den letzten vierzehn Tagen alles erlebt haben!« Petersen stand auf: »George wird es Ihnen erzählen – seine Schilderungen sind immer viel farbiger als meine.«

»Da haben Sie recht. Nun ja – Sie sind eben ein sehr nüchterner Mensch. Ruft die Pflicht?«

Petersen nickte.

»Der Oberst?«

»Wer sonst? Es wird nicht lange dauern.«

Petersen kam in Begleitung zweier Männer zurück.
Harrison stand auf. »Guten Abend, meine Herren. Es ist uns eine Ehre!« Er sah in die Runde: »Meine Herrschaften – ich darf Ihnen Major Ranković und Major Metrović vorstellen – zwei der kommandierenden Offiziere des Herrn Oberst. Was hat Sie denn durch diese unfreundliche Nacht getrieben, meine Herren?«
»Die Neugier!« antwortete Major Metrović mit entwaffnender Offenheit. Er war ein mittelgroßer, dunkelhaariger Mann mit einer stämmigen Figur und einem fröhlichen Gesicht. »Schließlich sieht man bei uns in den Bergen nicht oft neue Gesichter.«
»Peter hat nicht zufällig erwähnt, daß zwei dieser neuen Gesichter weibliche – und ganz objektiv betrachtet –, ausgesprochen reizvolle Züge haben, oder?«
»Schon möglich, schon möglich«, lachte Metrović.
»Ich habe die beiden Herren eingeladen«, erklärte Petersen. »Ich dachte, es könnte nicht schaden, ein bißchen Abwechslung in ihr freudloses Dasein zu bringen.« Was Major Ranković betraf – einen hochgewachsenen, dünnen Mann mit einem dunklen Vollbart –, so schien Petersens guter Wille verschwendet zu sein: Der Offizier trug eine ausgesprochen finstere Miene zur Schau.
Harrison schaute auf seine Uhr: »Sie hatten doch

gesagt, es würde nicht lange dauern, Peter. Mir schien, Sie brauchten viel Zeit.«

»Erstens wollte ich George die Möglichkeit geben für einen ausführlichen Bericht, und zweitens zog sich das Gespräch mit dem Oberst unerwartet hin. Zu guter Letzt habe ich in meiner Funkerbude nachgesehen, ob Sie mir während meiner Abwesenheit vielleicht irgend etwas geklaut haben – aber es war alles beim alten.«

»Vielleicht brauchten Sie so lange, weil Sie den Schlüssel nicht gefunden haben?« Harrison grinste.

»Wieso Ihre Funkerbude?« fragte Sarina.

»Nun ja, sie wurde mir zugeteilt. Sie liegt etwa fünfzig Meter von hier entfernt. Es gibt nämlich drei Funkgeräte im Lager: eins für den Oberst, eins für den Hauptmann – dort drüben im Nebenraum – und eins für mich. Sie, meine Liebe, werden dem Oberst zugeteilt, und Lorraine Hauptmann Harrison.«

»Haben Sie das arrangiert?«

»Ich habe überhaupt nichts arrangiert! Ich nehme Befehle entgegen – genau wie jeder von uns. Der Oberst hat es so bestimmt – und Lorraines Platz steht schon seit Wochen fest. Es steckt absolut kein Geheimnis dahinter: Aus Gründen, die Ihnen vielleicht unverständlich erscheinen, mir jedoch vollkommen einleuchten, möchte der Oberst, daß der Funker von Hauptmann Harrison – ebenso wie der Hauptmann selbst – kein

Serbokroatisch kann. Der Oberst vertritt nämlich die Meinung, daß man am sichersten fährt, wenn man niemandem vertraut.«
»Sie scheinen eine ganze Menge mit dem Oberst gemeinsam zu haben.«
»Genug jetzt«, mischte sich Harrison ein. »Gehen wir zum gemütlichen Teil über.«
»Eine glänzende Idee!« strahlte George.
»Nehmen Sie doch bitte Platz, meine Herrschaften«, bat Harrison. »Was darf ich Ihnen anbieten?«
Als jeder ein Glas in der Hand hatte, erhob sich Major Ranković und sagte mit düsterer Miene:
»Auf Jugoslawien!«
»Auf Jugoslawien!«

Später am Abend versammelten sich alle wieder in Harrisons Hütte. Einige von ihnen hatten in der vierhundert Meter entfernten Messe zu Abend gegessen. Sarina und Lorraine hatten sich allerdings geweigert, in den Schneesturm, der sich inzwischen fast zu einem Blizzard ausgewachsen hatte, hinauszugehen, worauf Michael natürlich auch dageblieben war, was wiederum zur Folge gehabt hatte, daß Giacomo nach einem kurzen Blickwechsel mit Petersen erklärt hatte, er habe keinen Hunger.
Verglichen mit den lukullischen Genüssen, die Josip auf den Tisch gebracht hatte, war das Essen in der Messe eine wahre Katastrophe, was je-

doch nicht die Schuld der Četnik-Köche, sondern auf die Tatsache zurückzuführen war, daß Lebensmittel im Augenblick generell sehr knapp und Delikatessen so gut wie unmöglich zu beschaffen waren. Nicht einmal der ewig ausgehungerte George brachte es über sich, mehr als zwei gehäufte Teller des talgigen Hammel-Bohnen-Eintopfs hinunterzuwürgen, der an diesem Abend den Hauptgang darstellte, und sie verließen die gastliche Stätte, so schnell es die Höflichkeit erlaubte.

Hauptmann Harrison betrachtete den Inhalt seines Glases mit verklärtem Blick: »Es geht doch nichts über ein behagliches Heim und einen guten Tropfen! Nun, mein lieber Peter: George hat mir zwar ausführlich von Ihren Unternehmungen während der letzten zwei Wochen erzählt – aber er hat mir nicht erklärt, weshalb Sie überhaupt nach Rom fuhren!«

»Das liegt daran, daß ich es selbst nicht wußte!«

Harrison nickte ernst: »Das leuchtet mir ein: Sie machen den ganzen Weg nach Rom, hin und zurück, ohne zu wissen, warum.«

»Ich hatte lediglich eine schriftliche Nachricht zu überbringen, deren Inhalt ich nicht kannte.«

»Kennen Sie ihn jetzt?«

»Ja.«

»Darf man ihn auch erfahren?«

»Bitte begnügen Sie sich mit der Auskunft, daß

es sich um eine rein militärische Angelegenheit handelt.«

Harrison sah Metrović und Ranković an: »Kennen Sie den Inhalt der Nachricht?«

»Natürlich. Peters Diskretion ist zwar sehr lobenswert, in diesem Fall jedoch nicht notwendig: Innerhalb der nächsten paar Tage wird die Neuigkeit im ganzen Lager bekannt sein. Wir – die Deutschen, die Italiener, wir selbst und die Ustaša – haben die Anweisung, einen Generalangriff gegen die Partisanen zu starten. Wir werden Titoland auslöschen. Die Deutschen haben dem Plan den Namen ›Operation Weiss‹ gegeben – die Partisanen werden ihn zweifellos die ›Vierte Offensive‹ nennen.«

»Das bedeutet ja wohl, daß schon drei andere Offensiven vorangegangen sind«, meinte Harrison. »Aber mit denen wurde ja wohl nicht viel erreicht.«

Metrović war nicht so leicht aus der Ruhe zu bringen: »Ich weiß, es sagt sich leicht – aber diesmal wird es ganz bestimmt klappen: Die Partisanen sitzen in der Falle. Sie haben kein Kampfflugzeug, keinen Bomber – aber wir haben jede Menge Schwadronen. Sie haben keinen einzigen Panzer und nicht einmal ein wirkungsvolles Luftabwehrgeschütz. Sie haben höchstens fünfzehntausend Mann, von denen die meisten am Verhungern oder wenigstens stark geschwächt, krank und unerfahren sind – und wir haben fast

hunderttausend Mann mit einer guten Ausbildung und in bester Verfassung. Und Titos Achillesferse, wenn Sie so wollen, ist seine Unbeweglichkeit. Es ist bekannt, daß er mindestens dreitausend Verwundete hat. Die Sache wird das reinste Kinderspiel.«
»Dann wundert es mich, daß Sie jetzt in aller Ruhe hier Ihren Drink genießen anstatt über Ihren Kriegskarten zu brüten und überall die niedlichen, kleinen Fähnchen hineinzustecken oder Schlachtpläne zu zeichnen oder was sonst in einem solchen Fall üblich ist.«
Metrović lachte: »Dafür gibt es drei Gründe: Erstens steht die Offensive nicht unmittelbar bevor, sondern findet erst in zwei Wochen statt, zweitens sind alle Pläne fertig, und die Truppen sind entweder bereits an ihrem Standort oder erreichen ihn in den nächsten paar Tagen, und drittens konzentriert sich der Hauptangriff auf Bihac – und das liegt über zweihundert Kilometer nordwestlich von hier. Wir treten nur in Aktion, falls die Partisanen so verrückt sein sollten, einen Ausbruch nach Südosten zu versuchen. Wenn das tatsächlich ein paar Versprengte schaffen sollten, wird es ein leichtes sein, sie am Überqueren der Neretva zu hindern.« Er dachte einen Augenblick nach und sagte dann: »Es kann natürlich auch sein, daß alles ganz anders kommt: Wenn das Wetter so bleibt oder sich sogar noch verschlechtert, ist eine Verschiebung

der Aktion unvermeidlich. Vielleicht sogar um Wochen!«

»Was mich betrifft«, lächelte Harrison, »so hoffe ich, daß wir total einschneien. Ich bin keine kriegerische Natur – und außerdem habe ich mich hier recht gut eingelebt. Und was ist mit Ihnen, Peter? Werden Sie bei uns überwintern?«

»Nein – ich muß sobald wie möglich los.«

»Warum denn das?«

»Ein italienischer Geheimdienstoffizier interessiert sich in ebenso auffallendem wie lästigem Maße für meine Person, und dem möchte ich einen Riegel vorschieben.«

»Was hat er denn getan?« fragte Metrović.

»Zuerst hatten wir auf der Überfahrt von Italien hierher Ärger mit einigen seiner Leute, und dann stattete er uns höchstpersönlich einen nächtlichen Besuch in unserem Hotel in Mostar ab.«

»Und was haben Sie mit ihm vor?« fragte Metrović. »Werden Sie ihn töten?«

»Ihn töten?« Sarina riß entsetzt die Augen auf.

»Keine Sorge«, beruhigte sie Petersen. »Ich möchte ihm nur ein paar Fragen stellen.«

»Aber vielleicht finden Sie ihn gar nicht.«

»O doch – ich finde ihn!«

»Und wenn er sich weigert zu antworten?«

»Wird er nicht.«

Metrović fragte: »Hatten Sie denn in dem Hotel, das Sie erwähnten, keine Gelegenheit, sich mit ihm zu unterhalten?«

»Im Grunde schon – aber seine Begleiter hätten sich vielleicht bemüßigt gefühlt, sich einzumischen, und sie waren schwer bewaffnet. Ich hatte schließlich die Verantwortung für die mir anvertrauten Personen.«
»Warum hat es dieser Mann eigentlich auf Sie abgesehen?«
»Cipriano? Dahinter steckt General Granelli, der Chef des italienischen Geheimdienstes. Ich bin für seinen Geschmack zu gut über einige Dinge informiert.«
»Zum Beispiel?«
»Wenn die Deutschen den Krieg verlieren sollten – und Granelli ist davon überzeugt, daß das passiert –, wer geht dann mit ihnen unter? Alle, die auf ihrer Seite gekämpft haben! Wenn Sie nun Granelli wären und seinen Weitblick hätten – wem würden Sie dann in Jugoslawien den Rükken stärken?«
Harrison sah ihn entgeistert an: »Wollen Sie damit sagen, daß Granelli Hand in Hand mit den Partisanen arbeitet, und dieser Cipriano ein Doppelagent ist?«
Petersen rieb sich das Kinn, goß sich Rotwein nach und schwieg.

Petersens provisorische Behausung hielt in keiner Hinsicht einem Vergleich mit Harrisons Luxusunterkunft stand. Sie war etwa so groß wie eine Einzelgarage, und das Mobiliar des »Wohnraumes« bestand aus drei Feldbetten, einem Tisch mit drei Stühlen und einem Ofen, auf dem man auch kochen konnte. Die Funkanlage war in einer winzigen, angrenzenden Kammer untergebracht. »Was ist das nur für ein Leben?« sagte George. Er goß sich ein großes Glas Wein ein und trank es in einem Zug aus. »Erinnerst du dich noch an die Richtlinien, die ich an der Universität predigte – an die grundsätzlichen Werte, an die ich glaubte? Ehre, Ehrlichkeit, Geradlinigkeit, die Reinheit des Geistes und des Herzens – und die tiefe Verachtung für Verrat, Betrug und Verlogenheit? Ich war davon überzeugt, daß wir uns in dieser dunklen Welt nur zurechtfinden könnten, wenn wir dem Licht der ewigen Flamme der Wahrheit folgten!«

»Ich weiß, George.«

»Ich bin ein gebrochener Mann!«

»Es tut mir leid, George.«

7

Sie waren sechs Mann – und sie sahen ausgesprochen gefährlich aus. Alle waren etwas mehr als mittelgroß, schlank und breitschultrig und exakt gleich gekleidet: Khakihosen, die in hohen Stiefeln steckten, Khakihemden und Khakijakken mit Gürtel und khakifarbene Käppis. Keiner von ihnen trug ein Rangabzeichen oder einen sonstigen Hinweis auf seine Identität. Alle waren gleich bewaffnet: Maschinenpistole in der Hand, Revolver an der Hüfte und Jagdmesser in einer Scheide am rechten Stiefel. Ihre Gesichter waren hart, ihre Augen wachsam.
Kurz vor acht Uhr abends hatte sich dieselbe Gesellschaft wie am Abend zuvor in Harrisons »guter Stube« versammelt, als plötzlich die Tür aufflog und drei Männer mit Waffen im Anschlag hereingestürmt waren. Ihnen drängten sich noch drei nach, und die Tür schloß sich wieder.
Einer der Eindringlinge, der etwas kleiner und breitschultriger war als die anderen, trat einen Schritt vor.
»Mein Name ist Crni. Sie werden jetzt einer nach

dem anderen Ihre Waffen auf den Boden legen«. Er nickte zu Metrović hinüber: »Sie fangen an!«
Eine Minute später lagen alle Waffen auf dem Boden – zumindest die sichtbaren. Crni wandte sich an Lorraine: »Heben Sie die Waffen auf und legen Sie sie auf den Tisch da drüben. Ich bin sicher, Sie sind klug genug, nichts zu riskieren.«
Lorraine war ganz offensichtlich nicht nach einer Heldentat zumute. Ihre Hände zitterten so sehr, daß sie alle Mühe hatte, die Waffen überhaupt fassen zu können! Als sie schließlich alle auf dem Tisch lagen, fragte Crni: »Hat vielleicht eine der jungen Damen eine Waffe?«
»Nein«, antwortete Petersen. »Darauf gebe ich Ihnen mein Wort.« Crni griff in seine Jacke und holte ein Stück Papier hervor. »Wie heißen Sie?«
»Petersen.«
»Ah – Major Petersen! Ganz oben auf der Liste! Was die Damen betrifft, so glaube ich Ihnen – aber der Rest der Gesellschaft sollte vielleicht noch einmal in sich gehen: Wenn ich bei einem von Ihnen eine Waffe finde, ist er tot.«
»Man muß immer wissen, wann man verloren hat«, maulte George, holte eine Automatik aus den Tiefen seiner faltenreichen Jacke und gab Alex einen Rippenstoß: »Es hat keinen Sinn, mein Junge – Herr Crni sitzt am längeren Hebel!« Mit finsterem Gesicht legte Alex seine Automatik auf den Tisch.

»Danke.« Crni konsultierte seine Liste: »Sie müssen der Professor sein, der hier an zweiter Stelle steht.« Er sah Alex an: »Und Sie sind zweifellos Nummer drei: Hier steht ›Alex‹ und dahinter in Klammern ›Killer‹. Ein interessanter Beruf!« Er wandte sich an einen seiner Männer: »Edvard – untersuch die Mäntel, die da drüben hängen.«

»Sie brauchen nur in meinem nachzuschauen«, sagte Petersen. »In der rechten Tasche.«

»Wie kooperativ!« lobte Crni.

»Ich bin doch nicht dumm!«

»Das weiß ich! Man hat mir viel über Sie erzählt.« Er sah sich die Waffe an, die Edvard ihm brachte: »Ich wußte gar nicht, daß zur Ausrüstung der Königlich-Jugoslawischen Armee auch Luger mit Schalldämpfer gehören.«

»Ich habe sie von einem Freund.«

»Aha. Auf meiner Liste stehen noch fünf weitere Namen.« Er sah Harrison an: »Sie müssen Hauptmann Harrison sein?«

»Muß ich?«

»Gibt es in Jugoslawien etwa zwei englische Offiziere, die ein Monokel tragen? Und Sie müssen Giacomo sein.«

»Warum?«

»Die Beschreibung ist sehr exakt.« Er wandte sich Michael zu: »Sie sind demnach Michael von Granholm. Und dann habe ich noch zwei Damen hier stehen.« Er sah Lorraine an: »Sie sind Lorraine Chamberlain.«

»Ja.« Sie lächelte schwach. »Haben Sie von mir auch eine Beschreibung?«

Doch Crni gab keine Antwort. Er ging zu Sarina.

»Sarina von Granholm hat eine auffallende Ähnlichkeit mit ihrem Zwillingsbruder«, erklärte er. »Sie kommen alle acht mit mir.«

»Darf ich eine Frage stellen?« meldete sich George zu Wort.

»Nein!«

»Das ist unerhört! Es wäre doch immerhin möglich, daß ich auf die Toilette müßte!«

»Sie sind wohl der Clown hier, was?« sagte Crni kalt. »Ich hoffe für Sie, daß Ihr Sinn für Humor Sie in den nächsten Tagen nicht verlassen wird! Major – ich mache Sie persönlich für die Disziplin der Gruppe verantwortlich.«

Petersen überlegte: »Wenn einer versuchen sollte zu fliehen, werden Sie mich erschießen, richtig?«

»Richtig, Major.«

»Sie sprechen mich dauernd mit meinem Dienstgrad an«, begehrte Petersen auf. »Welchen haben Sie denn?«

»Hauptmann«, antwortete Crni kurz. »Aber mir ist es lieber, nur mit meinem Namen angesprochen zu werden.« Er sah die beiden Četnik-Offiziere an: »Wie heißen Sie?«

»Ich bin Major Metrović«, meldete sich Metrović, »und das ist Major Ranković.«

»Ich habe schon von Ihnen gehört.« Er wandte sich wieder an Petersen: »Sie und die anderen sieben werden ihr Gepäck mitnehmen.«
»Angenehm zu hören«, brummte George.
»Wieso?«
»Nun – es läßt darauf schließen, daß Sie nicht beabsichtigen, uns in Kürze über den Haufen zu schießen.«
»Sehr scharfsinnig!« Und zu Petersen gewandt: »Wie viele von Ihnen haben das Gepäck hier?«
»Fünf. Das übrige ist in einer Hütte etwa fünfzig Meter von hier.«
»Slavco. Sava«, befahl Crni zweien seiner Männer. »Der Mann, der Alex heißt, wird euch zeigen, wo die Hütte ist. Bringt das Gepäck her – aber untersucht es vorher gründlich. Und paßt auf den Mann auf!« Er warf einen Blick auf seine Uhr: »Wir haben noch vierzig Minuten Zeit.«

Eine Viertelstunde später war alles Gepäck in einer Ecke von Harrisons »Wohnzimmer« aufgestapelt.
George sagte: »Da ich keine Frage stellen darf, möchte ich wenigstens etwas feststellen.«
»Was?«
»Ich habe Durst!«
»Bedienen Sie sich.«
»Ich danke Ihnen!« In Null Komma nichts hatte George sich ein großes Glas Wein eingegossen und es in einem Zug geleert – und wer genau

hinschaute, konnte eine Andeutung von Neid in den Augen von Crnis Männern erkennen.

»Was geschieht mit mir und Major Rankovič?« fragte Metrovič.

»Sie bleiben hier!«

»Tot?«

»Nein – aber gefesselt und geknebelt. Wir sind keine Četniks: Wir ermorden keine unbewaffneten Soldaten – geschweige denn Zivilisten!«

»Wir auch nicht!«

»Natürlich nicht! Die Tausende von Moslems, die in Südserbien starben, haben sich wohl alle selbst getötet, wie?«

Metrovič antwortete nicht.

»Und wie viele Tausende von Serben – Männer, Frauen und Kinder – wurden in Kroatien nur wegen ihres Glaubens auf bestialische Weise niedergemetzelt?«

»Damit hatten wir nichts zu tun! Die Ustaša sind keine Soldaten, sondern undisziplinierte Terroristen!«

»Aber die Ustaša sind Ihre Verbündeten – ebenso wie die Deutschen. Erinnern Sie sich an Kragujevac, Major, wo die Partisanen zehn Deutsche töteten, und die Deutschen dafür fünftausend jugoslawische Bürger erschossen? Sie trieben die Kinder aus der Schule und schossen sie gruppenweise ab – so lange, bis es sogar den Erschießungskommandos zuviel wurde! Ihre Verbündeten! Und dann der Rückzug aus Užice, wo die Panzer so oft über die Felder hin und her rollten, bis alle verwundeten Partisanen niedergewalzt waren! Ihre Verbündeten! Die Schuld Ihrer Freunde ist auch Ihre Schuld!«

»Sind Sie Partisanen?« fragte Metrović.

»Gott bewahre!« protestierte Crni. »Sehen wir vielleicht wie ein Haufen Guerilleros aus? Wir sind Fallschirmspringer und gehören der Murge-Division an.« Die Murge-Division war die beste italienische Division, die es derzeit in Südosteuropa gab. Metrović sah Petersen an: »Sie hatten ja schon gesagt, daß Sie bald wieder aufbrechen wollten – dachten aber sicher nicht auf diese Weise, was?«

»Wie Sie sehen, ist es sogar noch möglich, mich zu überraschen«, Petersen grinste schief.

Draußen vor der Hütte erwarteten sie zwei weitere Soldaten: Crni war kein Mann, der irgend jemandem einen Überraschungsbesuch abstattete, ohne seine Rückendeckung zu sichern.

Als sie das Lager hinter sich gelassen hatten, zogen Crni und seine Männer Taschenlampen heraus. Die Gefangenen mußten sich im Gänsemarsch durch den inzwischen fast knietiefen Schnee kämpfen – flankiert von jeweils vier Bewachern. Nach einiger Zeit blieben sie auf das Kommando von Crni hin stehen. »Ich fürchte, ab hier müssen Sie gefesselt weitergehen. Bitte nehmen Sie die Hände auf den Rücken.«

»Also wollen Sie uns doch umbringen«, stellte Petersen sachlich fest.
»Wie kommen Sie denn darauf?«
»Es geht ab hier steil bergab – und wenn wir stolpern oder ausrutschen sollten, haben wir keine Möglichkeit, uns irgendwo festzuhalten und stürzen unweigerlich in den Abgrund. Wenn vier Wachen vor uns und vier hinter uns gehen, haben Sie uns vollkommen unter Kontrolle, denn der einzige Fluchtweg wäre der in den besagten Abgrund – und ich kann Ihnen versichern, daß keiner von uns Selbstmordabsichten hegt.«
Crni überlegte kurz. »In Ordnung«, sagte er dann.
»Ich habe noch eine Bitte: Lassen Sie Giacomo und mich die Ponys der Damen führen – sie fühlen sich dann sicherer.«
»Von mir aus.«
Ein steiler Abstieg ist immer schwieriger und gefährlicher als ein steiler Aufstieg, und unter den herrschenden Bedingungen machte sich diese Tatsache besonders bemerkbar. Es dauerte ganze vierzig Minuten, bis sie die Talsohle erreichten.
»Sind wir unten?« Es war das erste, was Sarina seit Beginn des Abstiegs sagte.
»Ja.«
Sie stieß einen langen Seufzer aus. »Ich danke Ihnen. Jetzt müssen Sie mein Pferd nicht mehr halten.«

»Es ist doch ein Pony«, verbesserte Petersen lächelnd. Er ließ die Zügel los.
»Und wie geht es jetzt weiter?« fragte Sarina. »Werden die Männer Sie umbringen?«
»Mich? Umbringen? Wie kommen Sie denn auf die Idee?«
»Nun – Sie haben doch selbst gesagt, daß Sie General Granelli ein Dorn im Auge sind.«
»General Granelli ist weit weg. In Rom!«
Sie bewegten sich schweigend durch den noch immer dicht fallenden Schnee, bis Crni anhalten ließ. Der Strahl seiner Taschenlampe ruhte auf dem italienischen Armeelaster, den Petersen zwei Tage zuvor organisiert hatte. »Was die Leute so alles in der Gegend herumstehen lassen ...«, bemerkte Crni. Petersen äußerte sich nicht. Crni ließ den Strahl der Taschenlampe weiterwandern, bis er einen zweiten, noch größeren Lastwagen erfaßte: »Da rein!« kommandierte er.
Die acht Gefangenen mußten sich mit dem Rükken zum Führerhaus auf den Boden der Ladefläche setzen. Fünf Soldaten stiegen zu und setzten sich auf die Bänke, die weiter hinten an den Seitenwänden standen. Fünf Taschenlampen leuchteten auf, und fünf Maschinenpistolen wurden in Anschlag gebracht. Gleich darauf sprang der Motor an, und der Laster setzte sich in Bewegung. Es war empfindlich kalt, denn der Lastwagen hatte an der Rückseite keine Abdeckplane.

»Wo wir wohl hinfahren?« fragte Harrison leise.
»Ich nehme an, nicht weiter als Jablanica«, antwortete Petersen. »Es ist schon ziemlich spät – und sogar Crni und seine Elitekämpfer müssen irgendwann einmal schlafen.«
Sie fuhren eine Weile dahin, bis Harrison plötzlich ganz aufgeregt nach hinten deutete: »Da! Sehen Sie nur! Beleuchtete Straßen! Die Zivilisation hat uns wieder!«
Petersen lächelte über Harrisons Euphorie: Die vereinzelten, trüben Straßenlaternen vermittelten nicht gerade Weltstadt-Flair.
Nach einiger Zeit bog der Laster in eine Seitenstraße ein, die ein Stück bergauf führte, und hielt dann an. Die Wachen sprangen von der Ladefläche und stellten sich nebeneinander auf – die Taschenlampen und die Waffen auf die Gefangenen gerichtet. Gleich darauf erschien Crni.
»Runterkommen!« befahl er. »Für heute ist die Reise zu Ende!«
Vor ihnen auf einer Anhöhe stand eine große Villa. »Unsere Unterkunft für die Nacht«, erklärte Crni.
»Nobel, nobel«, murmelte George.
Als alle in der Halle versammelt waren, die durch ein Kaminfeuer erwärmt und durch den Schein von Öllampen in ein warmes Licht getaucht wurde, sagte Crni: »Die Tür da links führt

zum Bad. Es kann jederzeit benutzt werden. Natürlich«, fügte er unnötigerweise hinzu, »wird die ganze Zeit über ein Wachtposten in der Halle sein. Die andere linke Tür führt zum Haupttrakt des Hauses und geht Sie nichts an – ebenso wie die Treppe dort. Kommen Sie mit.« Er ging vor bis zu einer Tür am Ende der Halle: »Darf ich bitten?«

Der große Raum hatte eine Balkendecke, holzverkleidete Wände und einen kostbaren Parkettboden. Das Mobiliar hätte einem Luxushotel Ehre gemacht – und das prasselnde Kaminfeuer vermittelte eine Behaglichkeit, die die Gefangenen einen Moment ganz vergessen ließ, in welch mißlicher Situation sie sich befanden. Ein zweiter Blick brachte sie jedoch schnell wieder auf den Boden der Tatsachen zurück: In einer Ecke standen ein paar Feldbetten, auf denen Kissen und Decken lagen, und massive Eisenstäbe verunzierten die Fenster.

»Kaum ist Krieg, verlieren alle ästhetischen Grundsätze ihre Gültigkeit«, beschwerte sich George bekümmert.

Crni überging den Einwurf und beantwortete Petersens fragenden Blick: »Es sind absichtlich nur sechs Betten. Für die beiden Damen haben wir ein Zimmer im ersten Stock vorgesehen.«

»Wie zuvorkommend!«

»Ich lasse Sie jetzt allein. Sollten Sie Hunger haben – da drüben im Schrank ist etwas zu essen.

Der Inhalt des anderen Schrankes wird wohl hauptsächlich den Professor interessieren ...«
»Ah!« George hatte sofort die Schranktür geöffnet und begutachtete anerkennend die Getränkeauswahl, die sich seinem Auge darbot. »Was mich betrifft, so sind die Gitterstäbe überflüssig. Ich werde bestimmt keinen Fluchtversuch unternehmen!«
»Meine Damen«, wandte sich Crni an die beiden Mädchen. »Wenn Sie schlafen gehen wollen, sagen Sie der Wache Bescheid, ich werde Sie dann persönlich zu Ihrem Zimmer bringen. Ob ich später noch Fragen an Sie habe, hängt von einem Anruf ab.«
»Von einem Anruf?« fragte Petersen. »Ich dachte, es gäbe in dieser Gegend keine Telefonverbindungen mehr.«
»Aber Funkverbindungen! Und dafür sind wir geradezu im Übermaß ausgerüstet: außer unserem eigenen haben wir ja jetzt auch noch Ihr Funkgerät und die beiden hochmodernen Ausrüstungen der Geschwister von Granholm.«
Er ging, und in dem Raum breitete sich tiefes Schweigen aus. Die Stille wurde nur einmal kurz durch ein »Plopp« unterbrochen, als George den Korken aus einer Flasche zog.
Petersen sah zu Harrison hinüber, der mit übereinandergeschlagenen Beinen in einem Sessel am Feuer saß und das Glas Wein betrachtete, das George ihm gerade gebracht hatte. »Für einen

Mann, den man gerade aus seinem geliebten Heim entführt hat, sehen Sie aber nicht besonders niedergeschlagen aus, Jamie.«

»Bin ich auch nicht! Es besteht auch gar kein Grund: Ich hätte nie gedacht, in diesen schlechten Zeiten eine bessere Unterkunft zu finden als meine letzte – aber ich habe mich geirrt! Carpe diem, wie der Lateiner so richtig sagt! Was, glauben Sie, bringt uns die Zukunft, Peter?«

»Selbst mit Hilfe einer Kristallkugel könnte ich Ihnen das nicht sagen.«

»Was für ein Jammer! Es wäre nett gewesen, wenn Sie mir Hoffnung gemacht hätten, die weißen Klippen von Dover bald wiederzusehen.«

»Ich wüßte nicht, weshalb Sie das nicht sollten! Es liegt doch nichts gegen Sie vor, oder?«

»Nicht daß ich wüßte«, lächelte Harrison. »Meine Rückkehr nach England halten Sie also für wahrscheinlich – und wie steht es mit meiner Rückkehr auf den Prenj?«

»Ausgeschlossen!«

»Dafür, daß Sie keine Kristallkugel haben, ist das aber eine sehr präzise Voraussage!«

»Das hat nichts mit Hellseherei zu tun, sondern nur mit logischem Denkvermögen: Ein Mann, der eine so delikate Position innehatte wie Sie, wird nie mehr auf seinem alten Posten eingesetzt, wenn er einmal in Feindeshand war. Die Gefahr einer Gehirnwäsche oder der Verdacht,

daß man einen Doppelagenten aus Ihnen gemacht haben könnte, wären zu groß – man würde Ihnen nie mehr vertrauen!«
»Das kränkt mich zwar im Prinzip, denn schließlich habe ich eine blütenweiße Weste – aber andererseits hat mir Hauptmann Crni sogar einen Gefallen getan: Ich hatte bereits offiziell um eine Abberufung ersucht, und er hat sie nun gewissermaßen beschleunigt.«
Petersen sah ihn überrascht an: »Was hat Sie denn zu diesem Entschluß bewogen?«
»Ich bin Pragmatiker – und nachdem ich erkannt habe, wie der Hase läuft, kann ich unmöglich so weitermachen!«
»Wie meinen Sie das?«
»Ich wurde dazu ausgebildet, zu beobachten, zu werten und zu analysieren – und nach weniger als zwei Monaten in diesem Land bin ich zu dem deprimierenden Schluß gekommen, daß die Regierung meines Landes offenbar aus Schwachköpfen besteht! Wie wäre es sonst möglich, daß London Mihajlović und seine Četniks unterstützt, wo dieser doch in Wahrheit Englands Todfeind ist?«
»Sie sprechen ja nicht gerade freundlich von Ihren Landsleuten.«
»Mihajlović ist zwar zugegebenermaßen auf diplomatischem Gebiet ein Genie – aber es ist doch bestürzend, daß es in der britischen Regierung niemanden gibt, der erkennt, daß dieser

Mann mit den Deutschen kollaboriert! Wie können sie denn der Vernichtung der Partisanen Vorschub leisten, die die einzigen Verbündeten Englands in Jugoslawien sind!« Er deutete auf Sarina und Michael: »Und wenn ich sehe, daß zwei so nette junge Menschen extra in Kairo ausgebildet wurden, um hierher zu kommen und in dem grausamen Spiel mitzumischen, dann bricht mir das Herz! Und Sie? Was ist mit Ihnen? Sind Sie so in Ihrem irregeleiteten Patriotismus und in Ihrer blinden Treue zu einer ehrlosen Monarchie verfangen? Und wie kann ein Mann wie George sich zur Mithilfe bei diesem Verbrechen bereit erklären? Ich verstehe die Welt nicht mehr!« Er verfiel in Schweigen.
Petersen nahm einen Schluck Wein. »Ich glaube, es ist an der Zeit, daß ich Ihren Glauben an die Menschheit wenigstens partiell wieder herstelle.« Harrison sah ihn fragend an.
»Diese beiden ›netten jungen Menschen‹, wie Sie sie nannten, sind nur aus einem einzigen Grund hier in Jugoslawien: Sie sind glühende Loyalisten – und sie haben die Strapazen dieser Reise nur auf sich genommen, um ihre Kenntnisse in den Dienst der Partisanen zu stellen!«
Harrison stellte sein Glas ab, ging zu Sarina hinüber, verbeugte sich tief, nahm ihre Hand und küßte sie.
»Wollen wir das als Entschuldigung gelten lassen?« fragte George.

»Ich fand sie formvollendet!« grinste Petersen.
»Nicht nur Hauptmann Harrison muß sich entschuldigen«, sagte Michael. Er machte ein Gesicht wie ein kleiner Junge, der gerade eine Fensterscheibe eingeworfen hat. »Major Petersen, ich ...«
»Schon gut, schon gut – ich hätte mich an Ihrer Stelle nicht anders verhalten.«
»Seit wann wissen Sie, daß Sarina und ich ... ich meine ... nun ja, warum wir hier sind, meine ich.«
»Oh – meine Zweifel hatte ich schon bei unserer ersten Begegnung: Sie waren beide zu wenig selbstbewußt und wirkten bedrückt – gar nicht so, als seien Sie auf dem Weg zu einer siegreichen Mission. Und ganz sicher war ich ab dem Zeitpunkt, als Ihre Schwester mich in dem italienischen Berggasthof von ihrer Sympathie für die Royalisten zu überzeugen versuchte, indem sie mir vorschwindelte, eine Busenfreundin von König Peter zu sein.«
»Das habe ich nie gesagt! Ich habe ihn nur ein paarmal getroffen.«
»Sarina!« Das kam mit leichtem Vorwurf.
Sie schwieg.
»Wie oft muß ich Ihnen noch sagen ...«
»Ist ja schon gut!« sagte sie patzig.
Petersen wandte sich wieder an Michael: »Sie hat ihn nie im Leben kennengelernt! Hinterlistig wie ich bin, stellte ich ihr eine Falle, indem ich sie auf

seine Gehbehinderung ansprach. Sie stieg voll darauf ein! Das Dumme ist nur, daß der gute Junge kerngesund ist.«

Sarina wurde dunkelrot und senkte den Blick.

»Also – was mich betrifft«, rettete Giacomo sie aus ihrer Verlegenheit, »würde ich auch nur auf der Seite der Partisanen kämpfen! Allerdings«, fügte er lächelnd hinzu, »ziehe ich die klimatischen Verhältnisse in der Ägäis vor.«

»Ich muß leider gestehen, daß ich mich höchstens theoretisch zum Partisanen eignen würde«, warf Harrison ein. »Für die Praxis fehlt mir die Courage.«

»Jetzt haben alle Stellung bezogen«, konstatierte Petersen. »Nur Lorraine nicht.«

Sie sah ihn mit einer Mischung aus Zorn und Verzweiflung an und schwieg.

Michael hatte sich inzwischen wieder einigermaßen gefaßt: »Wenn Sie über uns Bescheid wußten – warum haben Sie uns denn dann mitgenommen?«

Petersen lächelte: »Eine interessante Frage.«

Die nächsten zwanzig Minuten vergingen mit sporadischer Konversation. Dann wurde die Tür geöffnet, und Edvard erschien: »Major Petersen?«

Petersen stand auf und folgte ihm nach draußen. Bereits nach fünf Minuten war er wieder zurück.

»Na?« fragte Giacomo. »Wie war's?«
»Sie sind der nächste. Ich würde Ihnen ja gerne in Aussicht stellen, daß man die Absicht hat, Sie aufs Rad zu flechten – aber es gibt keinerlei Anzeichen dafür.«
Giacomo ging.
»Was war?« fragte Harrison. »Was wollten sie?«
»Sie haben mir viele, zum Teil sehr persönliche Fragen gestellt, aber ich habe nur meinen Namen, meinen Dienstgrad und mein Regiment angegeben. Zu mehr bin ich nicht verpflichtet – und sie haben auch nicht versucht, die Antworten zu erzwingen.«
Giacomo war sogar noch schneller zurück als Petersen. »Enttäuschend! Ausgesprochen enttäuschend! Die Gepflogenheiten der spanischen Inquisition sind ihnen völlig fremd. Man fordert Sie höflich auf, ihnen als nächster die Ehre zu geben, Hauptmann Harrison.«
Harrison war länger weg als seine beiden Vorgänger, und er kam mit sehr nachdenklichem Gesicht zurück. »Sie sind jetzt dran, Lorraine.«
»Ich?« Sie stand zögernd auf.
»Machen Sie nicht so ein ängstliches Gesicht«, beruhigte Petersen sie. »Was sollte eine harmlose englische Lady wie Sie denn zu befürchten haben? Schließlich sind sogar wir unbeschadet davongekommen.«
Sie sah ihn an und verließ schweigend den Raum.

»Na, Jamie?« fragte Petersen.
»Sie waren ausgesprochen höflich. Scheinen erstaunlich viel über mich zu wissen.«
Lorraine kam erst nach einer Viertelstunde zurück. Sie war sehr blaß, und man sah deutlich, daß sie geweint hatte. Sarina trat zu ihr und legte den Arm um sie. »Damen gegenüber sind diese feinen Herren wohl nicht so zartfühlend?« fragte sie böse. »Wer ist als nächster dran?«
»Das haben sie nicht gesagt.«
»Was haben sie Ihnen getan, Lorraine?«
»Nichts. Ich meine ... sie haben mich nicht angerührt. Nur ein paar Fragen, die sie mir stellten ...« Sie ließ den Satz unvollendet. »Bitte, Sarina ... ich möchte nicht darüber sprechen.«
»Maraschino!« sagte George im Befehlston. Er nahm Lorraine am Arm, setzte sie auf einen Stuhl und reichte ihr ein kleines Glas. Sie nahm es mit einem dankbaren Lächeln.
Die Tür ging auf, und Crni kam in Begleitung von Edvard herein. Er sah ausgesprochen aufgeräumt aus: »Ich befinde mich in der angenehmen Lage, einigen von Ihnen in diesen unerfreulichen Zeiten eine erfreuliche Neuigkeit mitteilen zu können. Ich möchte mich bei dieser Gelegenheit für das kleine Täuschungsmanöver entschuldigen – es war leider unumgänglich: Meine Männer und ich gehören nicht zur Murge-Division – wir sind schlicht und einfach Mitglieder eines Erkundungstrupps der Partisanen.«

»Der Partisanen?« Sarina sah ihn entgeistert an.
»Genau.«
»Partisanen!« Harrison schüttelte verständnislos den Kopf – aber nach einiger Zeit dämmerte es ihm schließlich: »Grundgütiger Himmel! Partisanen!«
Sarina hatte Crni an den Schultern gepackt und schüttelte ihn: »Ist das wahr? Ist das wirklich wahr?«
»Natürlich ist es wahr.«
Sie suchte in seinen Augen nach einer Bestätigung und fiel ihm dann unvermittelt um den Hals. Einen Augenblick klammerte sie sich regelrecht an ihn, dann ließ sie ihn los und trat einen Schritt zurück. »Entschuldigen Sie«, sagte sie leise. »Das hätte ich nicht tun dürfen.«
Er lächelte: »Mir ist keine Vorschrift bekannt, die es verbietet, daß ein junger, weiblicher Rekrut einen Offizier umarmt. Allerdings gehört es aber auch nicht zur militärischen Grundausbildung.«
»Ich bin ja so froh!« lachte sie.
»Froh?« echote Harrison. »Nur froh?« Er strahlte wie ein Christbaum. »Es muß eine göttliche Fügung gewesen sein!«
»Es war keine göttliche Fügung, Hauptmann Harrison – es war ein Funkspruch! Und wenn mein kommandierender Offizier es befiehlt, dann setze ich mich in Bewegung!«

»Und wer ist dieser kommandierende Offizier?« fragte Sarina.
Crni seufzte: »Du hattest wirklich recht, Peter: Keiner von denen ist aus dem Holz geschnitzt, aus dem man Geheimagenten macht. Major Petersen und ich sind beide Partisanen – und wir arbeiten beide für den Geheimdienst. Ich bin nur Hauptmann – also ist er mein Vorgesetzter. Und außerdem ist er auch die rechte Hand des Oberkommandierenden. Ich hoffe, daß jetzt alles klar ist.«
»Ich denke schon«, gestand Sarina zögernd und sah Petersen zweifelnd an.
»Also, diese jungen Dinger heutzutage sind doch wirklich schwierig!« bemerkte George tadelnd. »Jetzt hat sie ihre Partisanen, und ihr angeblicher Erzfeind hat sich als Verbündeter entpuppt – und anstatt sich darüber zu freuen, ist sie beleidigt, daß sie an der Nase herumgeführt worden ist, was immerhin unvermeidbar war. Wie wär's denn, wenn Sie mal etwas Begeisterung äußern würden, junge Dame – oder können Sie das auch nicht?«
Sarina sah ihn erschrocken an: »Aber ich freue mich ja – es kommt nur alles zu überraschend!«
»Das kann ich verstehen«, grinste George, trat zu ihr hin und drückte sie einen Moment fest an sich.
Harrison saß am Tisch, starrte ins Leere und

schlug immer wieder mit der Faust auf den Tisch.

»Geht es Ihnen nicht gut, Hauptmann?« fragte George liebenswürdig.

Harrison wandte ihm das Gesicht zu: »Wie bitte?«

»Möchten Sie vielleicht einen Sliwowitz?«

»Ich weiß nicht, ob mir der helfen wird«, knurrte Harrison. »Da saß ich nun die ganze Zeit auf dem hohen Roß und behauptete, vollen Durchblick zu haben – und was ist? Ich habe aber auch nicht die geringste Ahnung von irgend etwas! Wie hätte ich sonst einen Mann wie Major Petersen für einen eingeschworenen Royalisten halten können? Für einen Četnik!«

»Wenn ich Ihnen diesen Eindruck nicht hätte glaubhaft vermitteln können, hätte ich meinen Beruf verfehlt!« lächelte Petersen.

»Es ist sehr freundlich, daß Sie mich trösten wollen – aber es ist und bleibt eine Tatsache, daß ich mich habe reinlegen lassen wie ein dummer Junge! Und abgesehen von allem anderen kränkt es mich, daß Sie mir nicht vertraut haben!«

»Ich kann es mir in meinem Metier nicht erlauben, irgend jemandem zu vertrauen – Sie dürfen das also nicht persönlich nehmen.«

Harrison setzte sich ganz gerade hin und verschränkte die Hände ineinander: »Und was ist mit Giacomo?«

»Was soll mit ihm sein?«

»Mir ist aufgefallen, daß er unsere ›Entführung‹ mit bemerkenswerter Gelassenheit hingenommen hat.«
»Das kommt daher, daß ich Bescheid wußte«, sagte Giacomo.
»Also hat Peter doch jemanden ins Vertrauen gezogen!«
»Er hat mir nichts gesagt – ich habe es mir nur zusammengereimt.«
»Aufgrund welcher Dinge denn?«
»Ganz einfach: Als Major Petersen Hauptmann Crni mitteilte, auf welche Weise unser Abstieg ins Tal zu erfolgen hätte, war mir klar, daß die beiden auf derselben Seite stehen mußten, denn Hauptmann Crni machte mir nicht den Eindruck, als ließe er sich von einem Gefangenen Vorschriften machen.«
»Und mich hat man zu logischem Denken erzogen!« Harrison wandte sich wieder an Petersen: »Ich bin sicher, daß mich ein neuerlicher Schock erwartet – aber ich muß die Frage trotzdem stellen: Wer ist Ihr Chef? Wenn Sie nur die zweite Geige spielen, dann muß dieser Mann ja ein regelrechter Übermensch sein!«
»Partiell ist er das sicher auch«, betonte Petersen lächelnd, »aber er gibt sich redliche Mühe, es sich nicht anmerken zu lassen.« Er hob sein Glas: »Auf dein Wohl, George!«
Harrison sah aus, als hätte man ihm einen Schlag auf den Kopf verpaßt. »Ich glaube es

nicht!« flüsterte er. »Ich glaube es einfach nicht!«
Michael sah George mit einer Mischung aus Verwirrung und Ehrfurcht an: »Und ich hielt Sie für einen ...«
»Genau das sollten Sie ja auch, mein Junge!«
»Mein Gott!« stammelte Michael.
»›General‹ reicht auch«, scherzte George. »Aber am liebsten wäre es mir, wenn Sie bei dem gewohnten ›George‹ blieben.«
»Das ist zuviel für mich!« stöhnte Harrison. Er bemerkte nicht einmal, daß George sein Glas neu füllte. »In meinem Kopf wirbelt alles durcheinander. Wenn mir jetzt einer sagte, ich sei Adolf Hitler, würde ich diese Möglichkeit ernsthaft in Erwägung ziehen.« Er sah George an, schüttelte den Kopf und trank sein Glas in einem Zug aus. »Sie sehen einen Mann vor sich, der mit aller ihm zu Gebote stehenden Kraft versucht, die Realität zu begreifen.«
»Apropos Realität«, warf Giacomo ein. »So wie die Dinge liegen, müssen wir uns doch jetzt wohl nicht mehr als Gefangene fühlen, oder?«
»Guter Gott – nein!« sagte Crni. »Soweit ich das bestimmen kann, können Sie sich hier wie zu Hause fühlen – aber fragen Sie nicht mich: Major Petersen ist der Chef!«
»Nicht Sie, George?« fragte Sarina.
»O nein! Außerhalb meines Büros, das im Augenblick in einem leerstehenden Schafstall in der

Nähe von Bihac untergebracht ist, hat Peter das alleinige Sagen! Ich deute sozusagen in eine bestimmte Richtung – und dann mache ich, daß ich ihm schleunigst aus dem Weg gehe! Ich kenne meine Grenzen und seine Fähigkeiten – und ich hüte mich davor, ihm ins Handwerk zu pfuschen.«

»Könnte ich kurz mit Ihnen sprechen, Major Petersen?« fragte Sarina. »Draußen in der Halle?«

»Wie geheimnisvoll«, wunderte sich Petersen und nahm sein Glas in die Hand.

»Äußerst geheimnisvoll!« Er folgte ihr nach draußen und zog die Tür hinter sich zu.

Sie zögerte zuerst, doch dann platzte sie heraus: »Was ist mit Lorraine?«

»Wie meinen Sie das?«

»Irgend etwas stimmt doch nicht mit ihr!«

»Wenn ich es Ihnen erzähle, werden Sie mich wieder für ein Ungeheuer halten!«

»Nein – jetzt nicht mehr!«

»Also gut: Lorraine arbeitet für den italienischen Geheimdienst – speziell für Major Cipriano –, und es ist durchaus möglich, daß sie indirekt für den Tod einer Unzahl meiner Landsleute verantwortlich ist.«

»Das kann doch nicht sein!« Sarinas Augen waren vor Entsetzen geweitet, und ihre Stimme zitterte. »Das kann doch gar nicht sein!«

»Ich verstehe Ihre Gefühle«, sagte Petersen sanft.

»Ich wollte es ja zuerst selbst nicht glauben – doch dann bekam ich die Beweise!«

»Aber sie ist doch kein Mensch, der so etwas fertigbringt!«

»Sie hat keine andere Wahl!«

»Wie soll ich das verstehen?«

»Sie wird erpreßt!«

»Erpreßt? Womit könnte man Lorraine erpressen?« Sie schaute einen Moment nachdenklich vor sich hin und sagte dann: »Es hat etwas mit Carlos, dem Kapitän, zu tun, stimmt's?«

»Ja – indirekt.« Er sah sie neugierig an. »Wie kommen Sie denn darauf?«

»Weil sie in ihn verliebt ist!« antwortete Sarina ungeduldig.

»Woher wissen Sie denn das?« Diesmal war er ehrlich überrascht.

»Ich bin schließlich eine Frau!«

»Ah ja – das erklärt es wohl.«

»Es wäre schön, wenn Sie sich dazu durchringen könnten, mich wenigstens ab und zu mal ernst zu nehmen! Was ist das nun für eine Erpressungsgeschichte?«

»Wenn man Lorraine so sieht, ist sie doch der Prototyp der korrekten Engländerin, nicht wahr? Aber ganz nebenbei ist sie eben auch noch eine Frau!«

»Ja und?«

»In der Zeit, als Lorraine als Sekretärin für Jamie Harrison arbeitete, studierte Carlos in Rom.

Sie lebte mit ihm zusammen. Sie haben einen gemeinsamen Sohn, der jetzt zweieinhalb Jahre alt ist. Cipriano hat den Jungen entführt – aber ich werde bald wissen, wo er ist!«
Sarina sah Petersen schweigend an. Langsam liefen zwei Tränen über ihr Gesicht.

8

Um neun Uhr am nächsten Morgen bot Jablanica den unwirklich schönen Anblick einer Weihnachtspostkarte: Die Sonne schien von einem blaßblauen, wolkenlosen Winterhimmel, und kein Lüftchen regte sich. Man hätte nur noch Schlittengeläut hören müssen, dann wäre die Illusion vollkommen gewesen. Aber »Friede auf Erden und den Menschen ein Wohlgefallen« war nicht das Motto, das über dem Frühstückstisch hing.

Petersen saß nachdenklich mit dem Kinn in der Hand da und merkte gar nicht, daß sein Kaffee allmählich kalt wurde.

»Einen Penny für Ihre Gedanken, Peter«, bot Harrison.

»Den Leuten, denen sie gelten, wären sie bestimmt bedeutend mehr wert«, lächelte Petersen sarkastisch. »Ich darf Ihnen jedoch versichern, daß sie keine der hier am Tisch sitzenden Personen betreffen.«

»Sie sehen nicht nur nachdenklich aus, sondern auch noch unausgeschlafen.«

»Das ist kein Wunder: Ich habe fast die ganze Nacht vor dem Funkgerät zugebracht – abwechselnd in Gesellschaft von George und Hauptmann Crni. Der Funkkontakt war miserabel und zeitweise sogar total unterbrochen.«

»Sie hätten mein Funkgerät benutzen sollen«, warf Michael ein.

»Das haben wir ja – aber damit ging es auch nicht besser.«

»Vielleicht hätten Sie mich dazu holen sollen – schließlich kenne ich mich mit dem Gerät am besten aus.«

»Das hätte wenig genützt: Unsere Leute in Bihac können kein ›Navajo‹ – und das ist doch wohl der einzige Code, den Sie beherrschen.«

Michael sah ihn verblüfft an: »Woher, um alles in der Welt, wissen Sie das? Ich meine ... ich habe keine Code-Bücher.« Er tippte sich an die Stirn: »Es ist alles hier oben eingespeichert.«

»Sie haben gleich, nachdem Oberst Lunz und ich mit Ihnen gesprochen hatten, eine Nachricht durchgegeben. Sie mögen vielleicht ein guter Funker sein – aber ansonsten hat man Ihnen in Kairo offensichtlich wenig beigebracht.«

»Wie meinen Sie das?«

»Ich meine damit, daß wir uns im Krieg befinden, und man nicht einfach wild drauflos funken kann, ohne sich vorher zu vergewissern, daß man nicht etwa abgehört wird.«

»Abgehört?«

»Nun – möglich wäre doch, daß man in Ihrem Zimmer ein paar Wanzen angebracht hatte.«
Michael wurde rot: »Daran habe ich überhaupt nicht gedacht!«
»Ich darf Sie beruhigen – es waren keine Wanzen im Zimmer! Aber dafür waren George und Alex auf Ihrem Balkon!«
»Allmächtiger!«
»Sie sprachen unverschlüsselt. George sagte, es sei keine europäische Sprache gewesen. Sie hatten einen amerikanischen Lehrer – und die Amerikaner unterliegen der Illusion, daß ›Navajo‹ nicht zu entschlüsseln sei.«
»Jetzt erst sagst du mir das!« grinste George.
»Tut mir leid – ich hatte zuviel anderes im Kopf.«
»Codes sind Peters Hobby, müssen Sie wissen«, erklärte George. »Es gibt keinen, den er nicht in kürzester Zeit entschlüsselt – und er erfindet auch für sein Leben gern neue!«
»Mir fällt gerade etwas ein«, meldete sich Harrison zu Wort. »Wenn Mihajlović die Deutschen davon unterrichtet, daß Sie entführt worden sind, Peter – werden sie dann nicht vielleicht ihre Pläne ändern?«
»Wie sollten sie? Sie haben doch keine Alternative!«
Harrison dachte kurz nach. Dann sagte er: »Sie haben recht. Gott sei Dank konnten Sie Ihre Leute heute nacht vorwarnen.«

»Die hatten sich die Sache schon fast selbst zusammengereimt: Wir haben in den Gebieten, die in der Hand der Deutschen, Italiener, Četniks und Ustaša sind – und das betrifft den größten Teil des Landes –, jede Menge nach außen hin völlig harmlose Bürger sitzen, die uns regelmäßig mit den neuesten Informationen über Truppenbewegungen des Feindes versorgen. Natürlich sind diese Berichte nur Stückwerk – aber sie reichen aus, um uns wissen zu lassen, was eventuell auf uns zukommt. Unangenehmerweise erhielten wir nun letzte Nacht bei unserem Gespräch mit Bihac die Bestätigung für unseren schon seit Wochen bestehenden Verdacht, daß der Feind seinerseits in unseren Reihen Spione hat – und einige davon sogar in unserem Hauptquartier! Vor etwa zehn Wochen fing es an: Die Murge-Division spielte ›Hase und Igel‹ mit uns. Erkundungstrupps verschwanden, Verwundetentransporte kamen nie an ihrem Bestimmungsort an. Sobald ein Partisan die Nase aus seinem Bau steckte, wußte die Murge-Division schon vorher, was er vorhatte. Wir mußten herausbekommen, wie das alles möglich war, und dieses Problem veranlaßte George, seinen Fuchsbau zu verlassen und mit Alex und mir nach Italien zu fahren – und nicht etwa der Auftrag, für General von Löhr Briefträger zu spielen!« Petersen brach ab und ließ seinen Blick scheinbar ziellos um den Tisch wandern: Lorraine war auffal-

lend blaß, und Sarina saß mit ineinander verkrampften Händen da.
»Lassen Sie mich fortfahren«, bat George. »Peter konnte nicht glauben, daß die Verräter langgediente Partisanen waren – und ich auch nicht! Wir stellten fest, daß die Überraschungsangriffe der Murge-Division zeitlich mit Partisanen-Neuzugängen zusammenfielen, die in ungewöhnlich hoher Zahl aus Ex-Četniks bestanden. Wir überprüften ein paar von ihnen und fanden heraus, daß zwei Zugang zu Funkgeräten mit großer Reichweite hatten, die in einem Wäldchen an einem Berghang versteckt waren. Die beiden Männer schalteten auf stur – und da wir nichts von Foltern halten, wurden sie exekutiert. Danach sank die Anzahl der Überfälle seitens der Murge-Division rapide ab, aber hin und wieder gab es doch noch einen – was bedeutete, daß immer noch Verräter unter uns waren.«
George goß sich ein großes Glas Bier ein. Es war zwar Frühstückszeit, aber er behauptete, sowohl gegen Kaffee als auch gegen Tee allergisch zu sein!
»Also fuhren wir drei nach Italien. Die Murge-Division konnte ihre Informationen nur vom italienischen Geheimdienst haben, denn eine Kampfeinheit hat nicht die finanziellen Möglichkeiten, sich Spione halten zu können.«
»Wie das? Ist denn da Geld mit im Spiel?« fragte Harrison.

»Ja, glauben Sie denn, daß Spione aus reinem Patriotismus und politischer Überzeugung handeln? Diese edlen Motive entwickeln sich nur bei entsprechender Bezahlung – und wenn man die Sache mal ganz leidenschaftslos betrachtet, dann hat das auch seine Berechtigung, denn schließlich leben diese Leute recht gefährlich – wie man beispielsweise an den beiden Pechvögeln sehen kann, die von uns entlarvt wurden.«

Petersen stand auf, trat ans Fenster und schaute auf die Märchenlandschaft hinaus.

»Apropos Italien«, fuhr George fort. »Wir wissen jetzt auch, wo Cipriano sich aufhält!«

»Cipriano?« Lorraines Augen weiteten sich vor Schrecken.

»Ist Ihnen nicht gut, meine Liebe?«

»Doch, doch – nur ein bißchen schwindlig.«

»Maraschino!« ordnete George an. »Sava!« Gleich darauf wurde ein Glas vor Lorraine hingestellt.

»Ja: der ehrenwerte Major befindet sich in Imotski – zweifellos in Klausur mit dem Brigadekommandeur der Murge-Division – und brütet irgendwelche teuflischen Pläne gegen unsere armen Leute aus. Was Peter auf dem Prenj über seine Zusammenarbeit mit den Partisanen erzählt hat, war natürlich glatt erfunden: Er wollte nur einen möglichen Verdacht der Herren Ranković und Metrović gegen sich auf eine abwesende Person lenken – und Cipriano war gün-

stigerweise abwesend! Unser Peter ist doch ein schlaues Kerlchen, was?« George gähnte hinter vorgehaltener Hand. »Bitte, entschuldigen Sie mich jetzt. Das Frühstück hat mich schläfrig gemacht. Ich werde mich zwei, drei Stunden aufs Ohr legen. Wir erwarten eine dringende Nachricht aus Bihac; es wird überhaupt einige Zeit in Anspruch nehmen, alle gewünschten Informationen zusammenzutragen. Und wie werden Sie den Rest des Vormittags verbringen, meine Herrschaften?«
Hauptmann Crni sagte: »Wenn jemand Lust hat, kann ich ihm gern unsere kleine Stadt zeigen. Es gibt zwar nicht viel zu sehen – aber ich weiß, wo man den besten Kaffee von ganz Bosnien bekommt.«

Nach dem Mittagessen trat der nach vier Stunden Schlaf ausgesprochen ausgeruht aussehende Petersen zu Sarina und Lorraine, die am Fenster saßen: »Bitte, erschrecken Sie nicht – es besteht kein Anlaß dazu –, aber George und ich möchten mit Ihnen sprechen!«
Lorraine sah ihn mit großen, traurigen Augen an: »Das dachte ich mir schon. Kann Sarina mitkommen?«
»Aber natürlich.« Er grinste: »Vorausgesetzt, Sie beherrschen sich und gehen mir nicht an die Kehle, wertes Fräulein. Versprochen?«
»Versprochen!« schwor Sarina feierlich.

Petersen ging mit ihnen in ein Zimmer im ersten Stock, wo George bei einer Flasche Bier saß. Für den Notfall hatte er noch einen ganzen Kasten neben sich auf dem Boden stehen.

»Es wird kurz und schmerzlos«, wandte sich Petersen an Lorraine. »Wie Sie sicher schon angenommen haben, wissen wir alles! Ich kann Ihnen versprechen – und George wird das bestätigen –, daß Sie keine Bestrafung zu befürchten haben. Sie sind keine Verbrecherin, sondern ein Opfer: Sie haben unter äußerstem Druck gehandelt – und außerdem wußten Sie noch nicht einmal, was Sie taten, denn alle Nachrichten waren nicht nur verschlüsselt, sondern in jugoslawischem Code abgefaßt – und dabei können Sie nicht ein Wort Serbokroatisch! Georges Wort hat natürlich großes Gewicht in den Kriegsräten – vor allem in Fällen wie diesem –, und auf mich hören sie auch ein wenig. Weder Ihnen noch Carlos wird etwas geschehen. Wann genau wurde Ihr Junge entführt?«

»Vor sechs Monaten.«

»Und Sie wissen nicht, wo er festgehalten wird?«

»Nicht präzise. Ich weiß nur, daß er in Jugoslawien ist. Cipriano wollte ihn aus irgendeinem Grund aus Italien heraushaben.«

»Das verstehe ich gut: Es gibt Dinge, die nicht einmal Cipriano in Italien tun kann! Woher wissen Sie, daß Ihr Sohn in Jugoslawien ist?«

»Carlos durfte ihn zweimal sehen – die beiden Male, als ich sagte, ich würde nicht mehr mitmachen, weil ich mir sicher war, daß Mario nicht mehr lebte. Aber ich habe keine Ahnung, wo er jetzt ist.«
»Das macht nichts.«
»Das macht nichts?!« Ihre Augen füllten sich mit Tränen.
George nahm seine stinkende Zigarre aus dem Mund: »Peter meint damit, daß Cipriano ihn wohl darüber aufklären wird!«
»Cipriano wird es ihm ...« Sie brach ab, sah in Petersens entschlossenes Gesicht und nickte.
»Wir haben Ihre Code-Bücher, Lorraine. Wir haben Ihr Zimmer durchsucht, als Sie heute vormittag spazieren waren.«
»Sie haben ihr Zimmer durchsucht?« fuhr Sarina auf. »Mit welchem Recht ...«
Petersen stand auf und öffnete die Tür: »Raus!«
»Tut mir leid. Ich vergaß ...«
»Sie haben es versprochen!«
»Geben Sie mir noch eine Chance!«
Petersen machte die Tür wieder zu und setzte sich. »Wissen Sie eigentlich überhaupt, weshalb Cipriano Sie ausgerechnet ins Prenj-Lager geschickt hat, Lorraine?« Sie schüttelte den Kopf. »Weil wir die beiden einzigen Funkanlagen der feindlichen Spione mit besonders großer Reichweite zerstört hatten, und ein Kontakt mit Rom

somit so gut wie ausgeschlossen war – aber das Prenj-Lager ist nur gut zweihundert Kilometer von Bihac entfernt, und vom Prenj aus hätten Sie Botschaften an Cipriano nach Rom oder sonstwohin jederzeit ohne Schwierigkeiten weitergeben können, denn Jamie wäre nie auf die Idee gekommen, Ihnen zu mißtrauen.«

»Major Petersen ...«, begann Lorraine.

»Lassen Sie nur. Jetzt interessiert mich nur noch etwas rein Persönliches: Wo haben Sie Carlos kennengelernt?«

»Auf der Isle of Wight, wo ich geboren bin. Er war zum Segeln in Cowes.«

»Ah ja – er hat mir erzählt, daß er vor dem Krieg oft beim Segeln war. Nun – ich hoffe, daß Sie beide nach dem Krieg wieder dort segeln gehen können.«

»Wird ... wird Carlos auch ganz bestimmt nichts passieren?«

»Warum sollte es? Es ist ihm nichts vorzuwerfen: Weder nach italienischem Militärrecht noch zivilrechtlich gesehen hat er eine kriminelle Handlung begangen oder einer solchen Vorschub geleistet. Mit etwas Glück werden Sie ihn übrigens morgen wiedersehen.«

»Wirklich?« Ihr Gesicht leuchtete auf.

Petersen sah Sarina an: »Offensichtlich hatten Sie recht!« Sie wußte sofort, worauf er anspielte.

»Ja – wir werden Carlos morgen sehen. Wir brauchen ihn nämlich!«

»Ist er immer noch in Ploče?«
»Ja.«
»Weshalb ist er denn nicht nach Italien zurückgefahren?«
»Das war nicht möglich. Irgendein Bösewicht hat Zucker in seinen Tank geschüttet!«
Sie sah ihn einen Moment fragend an, und dann erhellte ein Lächeln ihr Gesicht: »Das war wohl nicht zufällig die Tat eines der ›harmlosen Bürger‹, mit denen Sie so guten Kontakt pflegen?«
Petersen schmunzelte nur und schwieg.

Am Fuß der Treppe nahm Sarina Petersens Arm und hielt ihn zurück. »Ich möchte Ihnen danken!« sagte sie weich. »Das war sehr nett von Ihnen!«
Er sah sie erstaunt an: »Haben Sie denn etwas anderes von mir erwartet?«
»Eigentlich nicht.«
»Na also.«

Gegen drei Uhr nachmittags kamen Petersen und Crni beladen mit Maschinenpistolen und Handfeuerwaffen in die Halle.
»Wir fahren bald los. Ivan – Hauptmann Crni –, Edvard und Sava werden uns begleiten.« Er warf einen Blick auf seine Uhr. »Sagen wir, in zwanzig Minuten. Ich möchte die Neretva-Schlucht noch bei Tageslicht hinter mich bringen, unser Ziel

aber erst nach Einbruch der Dunkelheit erreichen.«

»Welches Ziel denn?« fragte Harrison.

»Ach – das habe ich ja ganz vergessen. Sie werden die Bekanntschaft eines alten Freundes von uns machen: Josip Pijade, Inhaber des Hotels Eden in Mostar. Du hast so einen verzückten Gesichtsausdruck, George! Woran denkst du?«

»An Wildbret!«

9

Und es gab tatsächlich Wild! Josip und Marija hatten das schier Unmögliche geschafft. Das Fleisch schmeckte noch besser als beim letzten Mal! George versuchte ebenfalls, Unmögliches zu schaffen, aber ohne Erfolg: Nach der Hälfte der dritten Doppelportion mußte er aufgeben. Im Gegensatz zum letzten Mal konnten sie in dieser Nacht in Ruhe durchschlafen.

Das Frühstück fand spät statt und war geradezu opulent!

»Ich wünschte, ich hätte Sie in den letzten zwei Monaten oben im Lager gehabt!« sagte Harrison zu Josip. Dann wandte er sich an Petersen: »Darf man fragen, was heute auf dem Programm steht?«

»Natürlich. An erster Stelle Cipriano! Die Bihac-Affäre können wir als abgeschlossen betrachten. Heute nacht war die Verbindung mit unserem Hauptquartier ausgezeichnet. Sechzehn Männer kamen als Verräter in Frage, und wir haben eine todsichere Methode ausgetüftelt, die Schuldigen zu überführen.«

»Ist Cipriano immer noch in Imotski?« fragte Giacomo.
»Er ist! Wir haben zwei Männer dort, die ihn rund um die Uhr beobachten. Wir stehen in Funkkontakt, und ich habe das letzte Mal vor einer Stunde mit ihnen gesprochen: Cipriano ist zwar aufgestanden und angezogen, macht bisher jedoch keine Anstalten, wegzufahren. Er hat interessante Begleiter bei sich.« Petersen sah Alex an: »Der eine dürfte dich besonders interessieren!«
»Alessandro?« fragte Alex hoffnungsvoll.
»Genau der!«
»Ah!« Wenn man sich in seiner sparsamen Mimik auskannte, mußte man sagen, daß Alex einen Moment lang regelrecht glücklich aussah. »Und – nach der Beschreibung bin ich fast sicher – seine drei ruhmlosen ›Mitarbeiter‹. Es scheint, daß Carlos doch irgendwo einen Schneidbrenner aufgetan hat. Allerdings wissen wir noch nicht, welchen Haken die Hasen schlagen werden – es gibt mehrere Straßen, die aus Imotski herausführen –, aber sobald es bekannt ist, werden wir es erfahren. Ich rechne fest damit, daß Ciprianos Ziel der Militärflughafen vor der Stadt hier sein wird, denn er will sicherlich auf dem schnellsten Weg nach Rom zurück. Ivan und ich werden zum Flugplatz hinausfahren und nachsehen.«
»Was wollen Sie denn da nachsehen?« fragte Harrison.

»Ob ein Flugzeug für ihn bereitsteht.«
»Wird der Flugplatz denn nicht bewacht?«
»Kein Problem: Wir sind zwei italienische Offiziere! Ich habe mich soeben zum Oberst befördert und bin damit wahrscheinlich der ranghöchste Offizier dort. Wir werden einfach reinmarschieren und fragen.«
»Das könnt ihr euch sparen, Peter«, sagte Josip. »Mein Cousin, dem ganz in der Nähe des Flugplatzes eine Garage gehört, arbeitet dort als Mechaniker und wartet die Anlage. Ich brauche ihn nur anzurufen.«
»Na wunderbar!«
Zehn Minuten später kam Josip zurück: »Eine italienische Maschine steht abflugbereit da – und sie ist für Major Cipriano reserviert!«
»Ich danke dir.«

Der Anruf kam natürlich, als sie gerade mitten beim Essen waren! Marija kam herein und sagte: »Sie sind vor einer Minute abgefahren. Sie fahren in Richtung Posušje.«
»Die Mostar-Straße. Entschuldigen Sie uns.« Petersen stand auf. Alex, Crni und Edvard erhoben sich ebenfalls.
»Nehmt's mir nicht übel, daß ich euch nicht begleite«, entschuldigte sich George kauend. »Ich fühle mich einer solchen Strapaze nicht gewachsen.«
»Kein Wunder«, meinte Petersen grinsend. »Im-

merhin bist du noch bei der ersten Portion – und dein erstes Bier hast du auch noch kaum angerührt!«

Alex stand mit einem Taschentuch in der Hand auf einer kleinen Erhebung in der Wiese, die gegenüber dem baumgesäumten Weg lag, der von der Hauptstraße Lištica–Mostar abging. Dicht bei der Einmündung in die Hauptstraße saß Petersen bei laufendem Motor in dem italienischen Armeelastwagen.
Als Alex das Taschentuch hoch über dem Kopf schwenkte, trat Petersen die Kupplung durch, legte den ersten Gang ein und wartete mit dem Fuß auf dem Gaspedal. Alex riß das Taschentuch mit einem Ruck herunter, Petersen ließ die Kupplung los, und der Wagen schoß buchstäblich nach vorn. Drei Sekunden später kam er in der Mitte der Hauptstraße abrupt zum Stehen.
Der Fahrer des italienischen Kübelwagens fuhr zwar nur mit mäßiger Geschwindigkeit, aber in dem Augenblick, als er beim Anblick des querstehenden Lasters auf die Bremse trat, mußte er erkennen, daß seine Ausweichmöglichkeiten recht gering waren: Entweder konnte er auf der Straße bleiben und frontal auf die Seite des Lastwagens prallen oder nach rechts in die Wiese fahren, wo Alex stand; ein Ausbruch nach links wäre an den Alleebäumen gescheitert. Kluger-

weise wählte er die zweite Möglichkeit. Der Wagen brach durch einen niedrigen Holzzaun, erreichte die Wiese auf zwei Rädern, schwankte einen Augenblick und kippte dann auf die linke Seite. Sekunden später zersplitterten die Wagenfenster auf der rechten Seite unter den Gewehrkolben, und die fünf Insassen, die, abgesehen von ein paar Schnittwunden im Gesicht, unverletzt waren, starrten völlig verdutzt in die Mündungen von vier Maschinenpistolen.

Als Petersen und Crni ins Hotel zurückkamen, fanden sie George und die anderen in der Bar. Wie immer hatte George seine Position hinter dem Tresen bezogen.

»Guten Tag, meine Herren«, begrüßte er sie liebenswürdig.

»Du bist tatsächlich schon mit dem Mittagessen fertig?« fragte Petersen.

»Es war nicht schlecht! Wirklich nicht schlecht! Was darf's denn sein? Bier?«

»In Ordnung.«

»Wo sind Alex und Edvard?« fragte Sarina.

»Irgend jemand muß doch auf die Gefangenen aufpassen!«

»Wo sind die denn?«

»In dem Lastwagen – und der steht auf dem öffentlichen Parkplatz!«

»Wann läßt du sie denn reinbringen?« fragte George.

»Sobald es dunkel ist. Ich kann sie ja schließlich nicht am hellichten Tag gefesselt und geknebelt durch die Straßen treiben, oder?«
»Das ist wahr.« George gähnte und glitt von seinem Barhocker. »Siesta!«
»Ich kann dich verstehen«, sagte Petersen mitleidig. »Diese unentwegten Anstrengungen müssen ja zuviel für dich sein!«
George verschwand, ohne ihn einer Antwort zu würdigen. »Er hält wohl nicht viel von Gratulationen, was?« meinte Sarina.
»Er hat doch bereits seine Siesta aufgeschoben! Das ist schon ein großer Beweis seiner Anerkennung!«
Sarina wandte sich an Lorraine: »Der große Major Petersen hat Cipriano tatsächlich erwischt! Wie finden Sie das?«
»Ich kann es noch gar nicht fassen«, antwortete Lorraine mit belegter Stimme.
»Bitte keine Tränenausbrüche!« sagte Petersen mit gespielter Strenge. »Josip – laß doch bitte das Gepäck der Gefangenen holen: Ich will es mir ansehen.« Er warf Sarina einen Blick zu: »Möchten Sie vielleicht eine Bemerkung machen?«
»Ich?« fragte sie mit unschuldigem Augenaufschlag.
»Na endlich!«

Sobald es dunkel war, wurden die Gefangenen durch den Hintereingang ins Haus gebracht. Die Türen des Hotels wurden hermetisch verriegelt. Cipriano, Alessandro und die drei anderen wurden auf Stühle gesetzt und mit den Händen an die Rückenlehnen gefesselt. Dann wurden die Knebel entfernt. Mit dem sonst so souveränen Cipriano war eine erstaunliche Wandlung vorgegangen: Seine Augen waren schwarz vor Wut und sein Gesicht vor Zorn ganz verzerrt. »Was soll diese ... diese Ungeheuerlichkeit bedeuten, Petersen? Sind sie übergeschnappt? Verrückt geworden? Binden Sie mich sofort los! Ich bin ein Offizier! Ein italienischer Offizier! Ein verbündeter Offizier!«

»Sie sind ein Mörder! Ihr militärischer Rang und Ihre Nationalität spielen keine Rolle! Nicht bei einem Massenmörder!«

»Binden Sie mich los! Sie sind wahnsinnig! Bei Gott, Petersen – ich muß noch einen letzten Auftrag erledigen ...«

»Ist Ihnen noch nicht in den Sinn gekommen, daß Sie das Letzte in Ihrem Leben vielleicht schon getan haben?«

Cipriano starrte ihn an. Offensichtlich begriff er nicht. Plötzlich entdeckte er Josip. »Pijade! Sie sind im Komplott mit diesen Verbrechern? Bei Gott, Pijade – für diesen Verrat werden Sie bezahlen ...!«

»Da sind wir doch gleich beim Thema«, unter-

brach ihn Petersen. »Nur bringen Sie da etwas ein bißchen durcheinander: Sie werden für Ihren Verrat bezahlen!«
»Sie sind ja total irrsinnig!« stammelte Cipriano.
Mit sanfter Stimme fuhr Petersen fort: »Hunderte meiner Kameraden sind durch Ihre Schuld gestorben.«
»Was für eine wahnwitzige Unterstellung! Ich habe in meinem ganzen Leben noch keinem Četnik auch nur ein Haar gekrümmt!«
»Ich bin kein Četnik – ich bin Partisan!«
»Ein Partisan!« Cipriano versagte fast die Stimme. »Ein Partisan! Oberst Lunz hatte den Verdacht ... ich hätte auf ihn hören sollen ...« Er brach ab, und dann wurde seine Stimme wieder fester: »Ich habe auch noch nie einem Partisanen etwas getan!«
»Kommen Sie herein!« rief Petersen über die Schulter.
Lorraine betrat den Raum.
»Leugnen Sie immer noch, für die Ermordung von Hunderten meiner Freunde verantwortlich zu sein, Cipriano?« Petersen zog ein kleines, schwarzes Buch aus der Jackentasche: »Das ist Lorraines Code-Buch – in Ihrer Handschrift abgefaßt! Ist es nicht eine Ironie, daß Sie Ihr Todesurteil gewissermaßen selbst unterzeichnet haben?« Cipriano riß mit aller Kraft an seinen Fesseln. Giacomo warf Petersen einen schnellen

Blick zu, deutete das knappe Nicken richtig und schlug Cipriano mit sichtlichem Genuß genau in den Solarplexus. Cipriano gab einen gurgelnden Laut von sich und knickte nach vorne ein.

»Ihr Chef wird es mir nicht verraten, weil er weiß, daß er auf jeden Fall sterben wird – also wende ich mich an Sie«, sagte Petersen zu Alessandro. »Wo ist Lorraines kleiner Sohn?«

Alessandro spuckte auf den Boden.

»Meine Güte«, seufzte Petersen. »Unappetitliche Angewohnheiten kann man sich offenbar besonders schwer abgewöhnen.« Er griff unter den Tresen und brachte den Metallkasten zum Vorschein, den er Alessandro an Bord der »Columbus« abgenommen hatte. »Alex?«

Alex zog sein rasierklingenscharfes Messer heraus und schlitzte Alessandros linken Ärmel von der Schulter bis zum Ellbogen auf.

»Nein!« schrie Alessandro. »Nein! Nein! Nein!« Cipriano war wieder zu sich gekommen und wollte sich einmischen, aber Giacomo merkte es rechtzeitig …

»Ich fürchte, ich habe seine Haut geritzt«, sagte Alex.

In Alessandros Arm klaffte eine eindrucksvolle Schnittwunde.

»Macht nichts«, winkte Petersen ab. Er nahm eine Spritze und griff nach einer Ampulle. »Dann müssen wir wenigstens keine Vene suchen.«

»Ploče!« flüsterte Alessandro heiser. Sein Atem

ging stoßweise. »In Ploče! Ich kann Sie hinbringen! Ich schwöre es! Ich bringe Sie hin!«
Petersen legte die Phiole und die Spritze in den Kasten zurück und schloß den Deckel.

Nachdem Alessandros Arm bandagiert worden war und Cipriano sich wieder einigermaßen erholt hatte, machten sie sich zum Aufbruch bereit. Als Alex mit dem Knebel zu ihm trat, sah Cipriano Petersen an und fragte: »Warum bringen Sie mich denn nicht gleich hier um?«
»Wir bringen Sie überhaupt nicht um! Diese Drohung war nur ein kleiner Schachzug, um den Aufenthaltsort des kleinen Mario so schnell wie möglich zu erfahren. Ich wußte, daß Alessandro reden würde, wenn er annahm, daß Sie ein toter Mann waren. Nein, Cipriano – Sie kommen hinter Schloß und Riegel. Als Kriegsgefangener – solange der Krieg eben dauert.«
Während Cipriano wieder geknebelt wurde, wandte sich Petersen an seine Cousine: »Was meinst du – könntest du dich für ein, zwei Tage um einen kleinen Jungen kümmern?«
»Meinen Sie Mario?« fragte Lorraine aufgeregt.
»Wen sonst? Nun, Marija?«
»Wie kannst du denn nur fragen, Peter!« Ihre Stimme klang vorwurfsvoll.
»Ich muß doch wenigstens die Form wahren.« Er küßte sie auf die Wange.

»Also trennen wir uns nun schon wieder«, stellte Josip betrübt fest. »Wann werden wir uns wohl das nächste Mal wiedersehen?«
»Zum Abendessen: George braucht schließlich endlich mal wieder eine warme Mahlzeit – und ich komme auch zurück.«

Edvard hielt den Lastwagen ein paar hundert Meter vor der Einfahrt zu den Docks an. Alex und Sava sprangen hinten von der Ladefläche – gefolgt von dem nun nicht mehr gefesselten und geknebelten Alessandro. Sie befanden sich auf der Hauptstraße, und es waren noch andere Leute unterwegs. Die drei Männer bogen in eine dunkle Gasse ein.
Crni, der neben Petersen im Führerhaus saß, sagte: »Erwartest du Schwierigkeiten am Tor?«
»Nein. Die Wachen sind alt und empfindlich gegen Kälte.«
»Aber der Kübelwagen ist doch sicher schon vor einer ganzen Weile gefunden worden – und die Leute am Flugplatz haben vielleicht schon Alarm geschlagen, weil Cipriano so lange überfällig ist.«
»Wenn ein Jugoslawe den Wagen gesehen hat, ist er sicherlich mit einem Liedchen auf den Lippen ohne anzuhalten daran vorbeigefahren – und ob man den Herrn am Flugplatz zu einer bestimmten Zeit erwartet hat, ist noch die Frage. Aber selbst wenn man ihn vermissen sollte –

würde man ihn dann ausgerechnet in Ploče suchen? Wohl kaum!«
Petersens Gelassenheit erwies sich als berechtigt: Der Posten verließ nicht einmal seinen Unterstand. Die Docks lagen verlassen da. Der Arbeitstag war zu Ende, und die eisige Kälte nicht gerade dazu angetan, Spaziergänger aus den Häusern zu locken. Trotzdem wies Petersen Edvard an, zweihundert Meter vor der Stelle anzuhalten, an der die »Columbus« vertäut lag. Er verließ das Führerhaus, ging nach hinten, rief Lorraine und half ihr von der Ladefläche herunter.
»Sehen Sie das Licht da vorne? Das ist die ›Columbus‹. Gehen Sie hin und sagen Sie Carlos, er soll die beiden Gangway-Lampen ausmachen.«
»Ja! Sofort!« Sie lief los, blieb auf einen Zuruf von Petersen jedoch sofort wieder stehen. »Sie sollen gehen, Sie Närrin. In Ploče rennt man nicht!«
Drei Minuten später verloschen die Gangway-Lichter – und wiederum zwei Minuten später waren die Gefangenen an Bord der »Columbus«. Die Gangway-Lampen gingen wieder an.

Carlos saß in seiner Kabine in seinem gewohnten Sessel. Lorraine hielt seine gesunde, linke Hand in beiden Händen. Er sah Petersen an: »Jetzt wollen wir mal sehen, ob ich das alles richtig verstanden habe: Sie wollen mich und meine Mannschaft einsperren, sich mit Lorraine und Mario davonmachen, Cipriano und seine Männer hier an Bord festsetzen und mein Schiff stehlen, ja?«

»Präziser hätte ich es selbst nicht ausdrücken können. Allerdings hätte ich das Wort ›davonmachen‹ nicht gewählt. Das Ganze wird natürlich nur geschehen, wenn Sie damit einverstanden sind. Die Entscheidung liegt allein bei Ihnen!«

»Man wird mich aus der Marine rauswerfen«, sagte Carlos düster. »Nein, das ist falsch. Man wird mich vor Gericht stellen und anschließend erschießen!«

»Nichts dergleichen!«

»Meine Mannschaft wird reden ...«

»Reden? Worüber denn? Die Leute sitzen in der Messe und werden mit Maschinenpistolen bedroht – was sollen sie anderes denken, als daß das Schiff gekapert worden ist?«

»Cipriano ...«

»Vergessen Sie Cipriano! Er hat keine Möglichkeit, die Geschichte, die Sie und Ihre Crew erzählen werden – und das wird die offizielle Version sein – zu widerlegen.«

»Oh, komm schon, Carlos!« bat Lorraine. »Du hast doch sonst so viel Courage!« Sie legte einen Finger unter sein Kinn und drehte sein Gesicht zu sich herum: »Wir haben Mario wieder!«

Er lächelte: »Das ist das Wichtigste für dich, habe ich recht?«
Sie erwiderte sein Lächeln: »Daß ich dich wiederhabe, spielt auch eine kleine Rolle. Also – was ist jetzt? Peter will Cipriano nicht töten – aber wenn Cipriano freikommt, sind wir erledigt. Er muß außer Gefecht gesetzt werden – und das ist nur dadurch zu erreichen, daß er den Engländern übergeben wird. Und dazu brauchen wir dein Boot!«
»Wenn ich mich und meine Mannschaft tatsächlich einsperren lasse«, überlegte Carlos, »wann wird man uns dann wieder freilassen?«
»Morgen. Auf eine anonyme, telefonische Nachricht hin.«
»Und Lorraine und Mario werden bei Ihren Freunden bleiben?«
»Nur ein paar Tage. Bis wir ihnen neue Papiere besorgt haben. George ist ein guter Freund des besten Fälschers im ganzen Balkan. Wir hatten gedacht ›Lorraine Tremino‹ würde ganz gut passen: In diesen wirren Zeiten sollten doch wenigstens die Familienverhältnisse klar sein! Wie steht's mit einer Heiratsurkunde, George?«
George stellte seinen Bierkrug ab: »Kein Problem. Was darf's denn sein? Rom? Pescara? Cowes?«
Die Tür ging auf, und Alex kam herein, dicht gefolgt von Sava. Alex hatte einen kleinen Jungen mit einem schwarzen Lockenkopf an der Hand.

Der Kleine sah sich verwundert um, entdeckte Carlos und lief mit ausgestreckten Ärmchen auf ihn zu. Carlos hob ihn hoch und setzte ihn auf seine Knie. Mario schlang die Arme um seinen Hals und sah Lorraine neugierig an.

»Er ist noch so klein«, tröstete George sie. »Für ihn sind sechs Monate eine sehr lange Zeit. Er wird sich bald erinnern.« Er wandte sich an Harrison, der etwas abseits stand: »Was ist denn mit Ihnen? Sie scheinen der Reise mit recht gemischten Gefühlen entgegenzusehen.«

»Das tue ich allerdings!«

»Sie werden schon sehen: Sobald Sie an Bord des Schnellbootes der Royal Navy sind, wird sich Ihre Laune schlagartig bessern. Es liegt Ihnen doch sicher sehr daran, Ihr Land über den tatsächlichen Stand der Dinge hier zu unterrichten – und außerdem braucht Giacomo Sie dringend: Sie müssen schließlich seine doch recht abenteuerlich klingende Geschichte bestätigen! Zur Sicherheit werden wir Ihnen aber noch einen Brief mitgeben.«

»Haben Sie eine Schreibmaschine, Carlos?« fragte Petersen.

»Nebenan.« Carlos hatte Mario an Lorraine weitergegeben, der sich zwar nicht wehrte, die fremde Frau jedoch mißtrauisch betrachtete.

»Der Brief wird die Unterschrift von George und mir tragen. Können Sie maschineschreiben, Sarina?«

»Natürlich.«
»Wieso natürlich? Ich kann es nicht!«
»Auf die Gefahr hin, Ihnen auf die Nerven zu gehen«, mischte sich Carlos ein, »möchte ich doch darauf hinweisen, daß das Rendezvous zweier Schiffe auf offener See exakter Berechnungen bedarf. Ich bezweifle ja nicht, daß Giacomo mit Hilfe der Sonne und des Kompasses ...«
»Entschuldigen Sie, wenn ich Sie unterbreche«, sagte Petersen, »aber haben Sie ein internationales Kapitänspatent?«
»Nein – wieso?« Carlos sah ihn erstaunt an – doch dann begriff er. »Ich hätte wissen müssen, daß Sie sich nicht mit Dilettanten abgeben.«

In dem kleinen Nebenraum sagte Petersen: »Sie waren gerne in Kairo, nicht wahr?«
»Ja«, nickte Sarina. »Sehr gerne sogar. Warum fragen Sie?«
»Blaublütige, junge Damen wie Sie sind nicht für dieses rauhe Leben geschaffen: die Kälte und das Eis, und die Berge – und dann noch Ihre Höhenangst ...«
»Ich komme mit Ihnen!« Ihr Ton duldete keinen Widerspruch.
»Das tut Michael auch.«
»Ich glaube, unser Verhältnis zueinander wird etwas anders sein«, lächelte sie.
»In meiner Jugend warteten die Mädchen darauf, bis der Mann so etwas sagte.«

»Soviel Zeit habe ich nicht!«

Er lächelte und berührte zart ihr kastanienbraunes Haar: »Ich habe einen Brief zu diktieren ...«

»Wir werden ungeheuer glücklich sein!«

»Bitte setz dich an die Maschine.«

Harrison räusperte sich dezent: »Ich unterbreche Sie wirklich nicht gerne – aber ich fürchte, aus der Reise wird nichts!«

»Wie kommen Sie denn darauf?«

»Wie sollen Giacomo und ich allein mit den fünf Strolchen fertig werden? Giacomo muß das Schiff steuern, und ich ...«

»Alex?« sagte Petersen.

»Ja?«

»Maschinenraum!«

»Ah!« Ein angedeutetes Lächeln zuckte um Alex' Mundwinkel: »Verstehe: der Schweißbrenner!«